Holzschnitt von Albrecht Dürer aus dem Jahre 1515

Erichthonius	Erichthon
Gemini	Zwillinge
Hercules	Herkules
Leo	Löwe
Libra	Waage
Lyra	Leier
Ophiuchus	Schlangenträger
Pegasus	Pegasus
Perseus	Perseus
Piscis	Fische
Sagittarius	Schütze
Scorpius	Skorpion
Taurus	Stier
Telum	Fernrohr
Ursa maior	Großer Bär
Ursa minor	Kleiner Bär
Virgo	Jungfrau

Inhalt

➡ Mathematik

Zeichen Ziffern Zahlentafeln

Mathematische Zeichen	5
Griechisches Alphabet/Frakturbuchstaben/Römische Ziffern	6
Zehnerpotenzen/Rundungsregeln/Rechnen mit Näherungswerten	7
Primzahlen/Zahlen im Zweiersystem	8
Quadratzahlen/Quadratwurzeln/Kubikzahlen/Kubikwurzeln bis 100	9
Quadrattafel	10
Kubiktafel	12
Natürliche Logarithmen	14
Mantissen der dekadischen Logarithmen	16
Tabelle der Winkelfunktionswerte	18
Winkelberechnung	22

Mathematische Formeln

Prozentrechnung/Zinsrechnung/Rentenrechnung	23
Termumformungen/Rechnen mit Variablen/Mittelwerte	24
Potenzen/Wurzeln/Logarithmen	25
Ebene Figuren	26
Körper	27
Funktionen/Gleichungen	28
Kombinatorik	30
Wahrscheinlichkeit	31
Wertetafel zur Binomialverteilung	34
Summierte Binomialverteilung	35
Binomialverteilung/Wertetafel der Gaußschen Summenfunktion	36
Folgen/Reihen/Grenzwerte	37
Grenzwertsätze für Funktionen/Differentialrechnung/Ableitung spezieller Funktionen	38
Näherungsverfahren zur Berechnung von Nullstellen/Integralrechnung	40
Vektorrechnung und analytische Geometrie	42
Kegelschnitte	47
Komplexe Zahlen	48

➡ Physik

Größen und Einheiten

Basiseinheiten des Internationalen Einheitensystems/Größen, Einheiten	49
Vorsätze zum Bilden von Vielfachen und Teilen von Einheiten	52

Wertetafeln zur Physik

Umrechnungsfaktoren von Einheiten	53
Reibungszahlen/Widerstandsbeiwerte einiger Körper/Dichten fester Stoffe	54
Dichten von Flüssigkeiten und Gasen/Schallgeschwindigkeiten in Stoffen/Lichtgeschwindigkeiten in Stoffen und im Vakuum/Mittlere Geschwindigkeit von Gasmolekülen	55
Heizwerte einiger Brennstoffe/Eigenschaften von festen Stoffen	56

Eigenschaften von Flüssigkeiten/Eigenschaften von Gasen/Abhängigkeit der Siedetemperatur und der spezifischen Verdampfungswärme des Wassers vom Druck 57
Spezifische Konstanten/Spezifische elektrische Widerstände/Austrittsarbeit der Elektronen aus reinen Metalloberflächen/Relative Dielektrizitätskonstanten 58
Relative Permeabilität/Brechzahlen/Elektromagnetisches Spektrum 59
Wellenlängen und Frequenzen einiger Spektrallinien/Kernstrahlung 60

Physikalische Formeln

Statik 61
Kinematik 62
Bewegungsgesetze 63
Analoge Größen der Translation und der Rotation/Wurfbewegung 64
Dynamik/Reibungskraft/Arbeit, Energie 65
Mechanische Energie/Leistung/Stoßvorgänge 66
Stoßarten/Gravitation/Keplersche Gesetze 67
Kosmische Geschwindigkeiten/Mechanik der Flüssigkeiten und Gase/Spezielle Relativitätstheorie 68
Gleichstrom/Stromkreisarten 69
Elektrostatisches Feld/Magnetostatisches Feld/Elektromagnetisches Feld 70
Leitungsvorgänge in Festkörpern und Flüssigkeiten/Wechselstrom 71
Transformator/Thermodynamik 72
Wärmeübertragung/Wärmeaustausch/Feste Stoffe und Flüssigkeiten/Kinetische Gastheorie 74
Ideales Gas 75
Schwingungen, Wellen/Strahlenoptik 77
Wellenoptik/Quanteneigenschaften des Lichtes/Atomphysik 77
Akustik/Schallerzeugung/Schwingende Luftsäule/Tonfrequenzen/Schallgeschwindigkeit 78
Naturkonstanten 79

Elektrotechnik

Schaltzeichen 80

Astronomie

Astronomische Konstanten/Die Erde/Der Mond/Die Sonne 81
Planeten des Sonnensystems/Grundlegende Gesetze/Astronomische Koordinaten 82

→ Chemie

Übersichten zur Chemie

Chemische Elemente 83
Elektronenkonfiguration der Atome im Grundzustand 86
Anorganische Stoffe 88
Organische Stoffe 92
Thermodynamische Werte 94
Bindungsenthalpien und Bindungslängen/Molare Gitterenthalpie/Molare Hydratationsenthalpie/Umschlagsbereiche für Säure-Base-Indikatoren 98
Ionenprodukt nichtwäßriger Flüssigkeiten/Säure- und Basenkonstanten 99
Stabilitätskonstanten/Löslichkeit einiger Salze 100
Löslichkeitsprodukte 101
Elektrochemische Spannungsreihe der Metalle 102
Elektrochemische Spannungsreihe der Nichtmetalle/Elektrochemische Spannungsreihe einiger Redoxreaktionen 103

Größengleichungen der Chemie

Stoffmenge und molare Masse 104
Zusammensetzungsgrößen 105
Energetik 106
Reaktionskinetik/Chemisches Gleichgewicht 107
Titration einwertiger Lösungen/Elektrochemie 109

Mathematik

Zeichen, Ziffern, Zahlentafeln

Mathematische Zeichen

$+$	plus	AB	Gerade AB	$f'(x)$	f-zwei-Strich von x
$-$	minus	$\overline{AB}$	Strecke AB (A	$\dfrac{d^2y}{dx^2}$	d-zwei-y nach dx-Quadrat
$\cdot$	mal		und B Endpunkte		
$:$	geteilt durch		der Strecke)	y''	y-zwei-Strich
—	durch (Bruchstrich)	$\overrightarrow{AB}$	Strahl AB		[2. Ableitung von $f(x)$]
…	und so weiter	$\overrightarrow{AB}$	gerichtete Strecke von A nach B,	$y^{(4)}$	y-4-Strich
$=, \neq$	gleich, ungleich		Vektor AB		[4. Ableitung von $f(x)$]
$\approx$	angenähert, rund	$A\widehat{B}$	Bogen AB		
$\overline{\text{Def}}$	bedeutet nach Definition	$\sphericalangle$	Winkel	$\int_a^b$	Integral von a bis b (bestimmtes Integral)
$\triangleq$	entspricht	$\measuredangle$	orientierter Winkel (Winkel mit vor-		
$<, >$	kleiner, größer		gegebener Dreh-	$\int$	Integral [unbe-
$\leqq$	kleiner gleich (kleiner oder gleich)		richtung)		stimmtes Integral, z. B. $\int f(x)\, dx$]
$\geqq$	größer gleich (größer oder gleich)	° ′ ″ ′ ′	Grad, Minuten, Sekunden (Winkeleinheiten)	$n!$	n Fakultät
$\sim$	proportional, ähnlich	arc α	Arcus α (Winkeleinheiten im	$\binom{n}{p}$	n über p (Binomialkoeffizient)
$|, \nmid$	teilt, teilt nicht		Bogenmaß)	V_n^k	Variation von n Elementen zur
%, ‰	Prozent, Promille	$\cong$	kongruent		k-ten Klasse
$|z|$	Betrag von z	$\sim$	ähnlich	C_n^k	Kombinationen
	$|z| = z$, falls $z \geqq 0$	sin	Sinus		von n Elementen zur k-ten Klasse
	$|z| = -z$, falls $z < 0$	cos	Kosinus		
∞	unendlich	tan	Tangens	P_n	Permutationen von n Elementen
$\sqrt{}$	Wurzel aus	(a_n)	Folge a_n		
$\log_a b$	Logarithmus b zur Basis a	$\lim_{n\to\infty}$	Limes für n gegen unendlich (Grenzwert)	$P(A)$	Wahrscheinlichkeit des Eintretens des Ereignisses A
ln	natürlicher Logarithmus	$\sum_{i=1}^{n} a_i$	Summe über alle a_i von $i=1$ bis n	$\overrightarrow{AB}, \vec{a}$	Vektor AB bzw. $\vec{a}$
lg	dekadischer Logarithmus	$\prod_{i=1}^{n} a_i$	Produkt über alle a_i von $i=1$ bis n	$\vec{a} = \begin{pmatrix} a_x \\ a_y \end{pmatrix}$	Vektor $\vec{a}$ mit den Koordinaten a_x, a_y
$[a, b]$	geordnetes Paar			$\vec{a} \cdot \vec{b}$	Vektor $\vec{a}$ Punkt Vektor $\vec{b}$ (skalares Produkt)
(a, b) oder $]a, b[$	offenes Intervall (a und b gehören nicht zum Intervall)	$f(x)$	f von x (Wert der Funktion f an der Stelle x)		
$\langle a, b \rangle$ oder $[a, b]$	abgeschlossenes Intervall (a und b gehören zum Intervall)	$f'(x)$ $\dfrac{dy}{dx}$	f-Strich von x dy nach dx	$\vec{a} \times \vec{b}$	Vektor $\vec{a}$ kreuz Vektor $\vec{b}$ (Vektorprodukt)
$\parallel$	parallel zu	y'	y-Strich		imaginäre Einheit
$\nparallel$	nicht parallel zu		[1. Ableitung von		$i = \sqrt{-1}$
$\perp$	senkrecht auf		$f(x)$]		
$\triangle$	Dreieck				

Zeichen · Ziffern · Zahlentafeln

Mathematische Zeichen

$\in$ $\notin$ $A \cap B$	Element von nicht Element von Menge A geschnitten Menge B (Durchschnitt)	$\supset$ $\subseteq$ $\{a, b, \ldots\}$ $\emptyset$	echte Teilmenge von Teilmenge von Menge der Elemente a, b (die) leere Menge	$A \cup B$ $A \setminus B$	Menge A vereinigt Menge B (Vereinigung) Menge A minus Menge B (Differenz)

Zahlbereiche

$\mathbb{N}$ $\mathbb{Q}_+$ $\mathbb{Q}$	Menge der natürlichen Zahlen Menge der gebrochenen Zahlen (Bruchzahlen) Menge der rationalen Zahlen	$\mathbb{Z}$ $\mathbb{R}$ $\mathbb{C}$	Menge der ganzen Zahlen Menge der reellen Zahlen Menge der komplexen Zahlen

Zeichen für Konstanten (beide Zahlen sind irrational)

π	Kreiszahl	$\pi \approx 3{,}141\,592\,653\,589\,793\,238\,462\,643\,383\ldots$
e	Eulersche Zahl	$e \approx 2{,}718\,281\,828\,459\,045\ldots$

Griechisches Alphabet

A	α	Alpha	I	ι	Jota	P	ϱ	Rho
B	β	Beta	K	κ	Kappa	Σ	$\sigma\,\varsigma$	Sigma
Γ	γ	Gamma	Λ	λ	Lambda	T	τ	Tau
Δ	δ	Delta	M	μ	My	Υ	υ	Ypsilon
E	ε	Epsilon	N	ν	Ny	Φ	φ	Phi
Z	ζ	Zeta	Ξ	ξ	Xi	X	χ	Chi
H	η	Eta	O	o	Omikron	Ψ	ψ	Psi
Θ	ϑ	Theta	Π	π	Pi	Ω	ω	Omega

Frakturbuchstaben

Latein. Buchstaben	A	B	C	D	E	F	G	H	I	J	K	L	M	N	O
Fraktur im Druck	𝔄a	𝔅b	ℭc	𝔇d	𝔈e	𝔉f	𝔊g	ℌh	ℑi	𝔍j	𝔎k	𝔏l	𝔐m	𝔑n	𝔒o
Latein. Buchstaben	P	Q	R	S	T	U	V	W	X	Y	Z				
Fraktur im Druck	𝔓p	𝔔q	ℜr	𝔖ſ	𝔗t	𝔘u	𝔙v	𝔚w	𝔛x	𝔜y	ℨz				

Römische Ziffern

Die Römer benutzten zur Zahldarstellung 7 Ziffern:

I	1	V	5	X	10	L	50	C	100	D	500	M	1000

Stehen diese Ziffern nebeneinander, so wird je nach der Reihenfolge addiert bzw. subtrahiert.

1 I	4 IV	7 VII	10 X	40 XL	70 LXX	100 C	400 CD
2 II	5 V	8 VIII	20 XX	50 L	80 LXXX	200 CC	500 D
3 III	6 VI	9 IX	30 XXX	60 LX	90 XC	300 CCC	600 DC

XXVIII = 10 + 10 + 5 + 1 + 1 + 1 = 28;   IC = 100 − 1 = 99
MDCCLXIV = 1000 + 500 + 100 + 100 + 50 + 10 + (5 − 1) = 1764

Zeichen · Ziffern · Zahlentafeln

Bezeichnung der Zehnerpotenzen im dekadischen System

$10^3 =$	1 000	1 Tausend	$10^{12} =$	1 000 000 000 000	1 Billion
$10^6 =$	1 000 000	1 Million	$10^{18} =$	1 000 000 000 000 000 000	1 Trillion
$10^9 =$	1 000 000 000	1 Milliarde	$10^{24} =$	1 000 000 000 000 000 000 000 000	1 Quadrillion

Darstellung von Zahlen mit abgetrennten Zehnerpotenzen:

■ $2{,}56 \cdot 10^6 = 2\,560\,000$

■ $2{,}56 \cdot 10^{-6} = \dfrac{256}{100} \cdot \dfrac{1}{1\,000\,000} = 0{,}000\,002\,56$

Man kann sich leicht merken:
Beim Übergang von $2{,}56 \cdot 10^6$ zur normalen Schreibweise rückt das Komma in 2,56 um 6 Stellen nach rechts:
2,56
⟶
2 560 000 .

Beim Übergang von $2{,}56 \cdot 10^{-6}$ zur normalen Schreibweise rückt das Komma in 2,56 um 6 Stellen nach links:
2,56
⟵
0,00000256 .

Rundungsregeln

Beim Runden werden alle auf eine bestimmte Ziffer folgenden Ziffern durch Nullen ersetzt. Dabei bleibt die betreffende Ziffer unverändert, wenn ihr vor der Nulleneinsetzung eine 1, 2, 3, oder 4 folgte **(Abrunden)**.

■ 4 347 soll auf Hunderter gerundet werden. 4 3̄47 (der 3 folgt eine 4, also abrunden):
$$4\,347 \approx 4\,300$$

Die betreffende Ziffer wird um 1 erhöht, wenn ihr vor der Nulleneinsetzung eine 5, 6, 7, 8 oder 9 folgte **(Aufrunden)**.

■ 4 352 soll auf Hunderter gerundet werden. 4 3̄52 (der 3 folgt eine 5, also aufrunden):
$$4\,352 \approx 4\,400$$

Regeln für das Rechnen mit Näherungswerten

Näherungswerte erhält man beim Messen und beim Runden. Auch beim Rechnen mit Dezimalbrüchen geht man zu Näherungswerten über, wenn diese für irrationale Zahlen oder für gemeine Brüche verwendet werden, die auf periodische Dezimalbrüche führen. Die maximale Abweichung eines Näherungswertes vom (meist unbekannten) genauen Wert nach oben oder nach unten ist i. allg. nicht größer als die Hälfte des Stellenwertes der letzten angegebenen Ziffer.

■ Auf Seite 9 finden wir als Näherungswert für $\sqrt{7}$ die Zahl 2,646. Der genaue Wert von $\sqrt{7}$ liegt zwischen 2,6455 und 2,6465.

Beim Rechnen mit Näherungswerten bedient man sich für die Ergebnisangabe mit sinnvoller Genauigkeit häufig der folgenden Faustregeln:

❶ Beim **Addieren und Subtrahieren** denjenigen Näherungswert heraussuchen, bei dem die letzte zuverlässige Ziffer am weitesten links steht. Man rundet das Ergebnis auf diese Stelle.

❷ Beim **Multiplizieren und Dividieren** denjenigen Näherungswert mit der geringsten Anzahl zuverlässiger Ziffern heraussuchen.

■ zu ❶
```
  7,333
+19,52   ←
+ 0,5253
+21,689
 49,0673
≈49,07   ←
```

■ zu ❷
```
5,937 · 2̄,1̄5̄
 11874
  5937
 29685
12,76455
≈ 12,8
```

Zeichen · Ziffern · Zahlentafeln

Primzahlen

Natürliche Zahlen, die größer als 1 und nur durch 1 und durch sich selbst teilbar sind, heißen Primzahlen. (Primzahlen sind alle natürlichen Zahlen mit genau zwei Teilern.) Die kleinste Primzahl ist 2, eine größte Primzahl gibt es nicht. Ein Beweis hierfür wurde schon von Euklid (etwa 365–300 v. u. Z.) gegeben. Primzahlen kann man mit Hilfe des „Siebes des Eratosthenes" aussondern. Mit Computern werden immer größere Primzahlen gefunden, so z. B. $2^{216091} - 1$ (eine Zahl mit 65 000 Stellen).

2	101	233	383	547	701	877	1039	1223	1427	1583	1777	1987
3	103	239	389	557	709	881	1049	1229	1429	1597	1783	1993
5	107	241	397	563	719	883	1051	1231	1433	1601	1787	1997
7	109	251	401	569	727	887	1061	1237	1439	1607	1789	1999
11	113	257	409	571	733	907	1063	1249	1447	1609	1801	2003
13	127	263	419	577	739	911	1069	1259	1451	1613	1811	2011
17	131	269	421	587	743	919	1087	1277	1453	1619	1823	2017
19	137	271	431	593	751	929	1091	1279	1459	1621	1831	2027
23	139	277	433	599	757	937	1093	1283	1471	1627	1847	2029
29	149	281	439	601	761	941	1097	1289	1481	1637	1861	2039
31	151	283	443	607	769	947	1103	1291	1483	1657	1867	2053
37	157	293	449	613	773	953	1109	1297	1487	1663	1871	2063
41	163	307	457	617	787	967	1117	1301	1489	1667	1873	2069
43	167	311	461	619	797	971	1123	1303	1493	1669	1877	2081
47	173	313	463	631	809	977	1129	1307	1499	1693	1879	2083
53	179	317	467	641	811	983	1151	1319	1511	1697	1889	2087
59	181	331	479	643	821	991	1153	1321	1523	1699	1901	2089
61	191	337	487	647	823	997	1163	1327	1531	1709	1907	2099
67	193	347	491	653	827		1171	1361	1543	1721	1913	2111
71	197	349	499	659	829	1009	1181	1367	1549	1723	1931	2113
73	199	353	503	661	839	1013	1187	1373	1553	1733	1933	2129
79	211	359	509	673	853	1019	1193	1381	1559	1741	1949	2131
83	223	367	521	677	857	1021	1201	1399	1567	1747	1951	2137
89	227	373	523	683	859	1031	1213	1409	1571	1753	1973	2141
97	229	379	541	691	863	1033	1217	1423	1579	1759	1979	2143

Zahlen im Zweiersystem

Die Zahl 2 ist Basis des Zweiersystems (Dualsystems). Zur Darstellung einer natürlichen Zahl im Dualsystem benötigt man zwei Ziffern. Um Verwechslungen mit dekadischen Ziffern zu vermeiden, verwendet man oft 0 und L.

■ LL0L oder $[1101]_2$ bedeutet 13.

2^{12}	2^{11}	2^{10}	2^9	2^8	2^7	2^6	2^5	2^4	2^3	2^2	2^1	2^0
4096	2048	1024	512	256	128	64	32	16	8	4	2	1

Beispiel für die Umwandlung einer Zahl aus dem dekadischen ins duale System:

$237 = 1 \cdot 128 + 1 \cdot 64 + 1 \cdot 32 + 0 \cdot 16$
$\qquad + 1 \cdot 8 + 1 \cdot 4 + 0 \cdot 2 + 1 \cdot 1$
$237 = $ LLL0LL0L

Für die Addition von Zahlen in Dualdarstellung gilt:

$0 + 0 = 0$	$L + 0\ \ = L$
$0 + L = L$	$L + L = L0$

Beispiel für die Umwandlung einer Zahl aus dem dualen ins dekadische System:

L0L0LL0LL $= 1 \cdot 2^8 \ \ \ + 1 \cdot 2^6 + 1 \cdot 2^4 + 1 \cdot 2^3$
$\qquad\qquad\quad + 1 \cdot 2^1 + 1 \cdot 2^0$
L0L0LL0LL $= 347$

Für die Multiplikation von Zahlen in Dualdarstellung gilt:

$0 \cdot 0 = 0$	$L \cdot 0 = 0$
$0 \cdot L = 0$	$L \cdot L = L$

Zeichen · Ziffern · Zahlentafeln 9

Quadratzahlen; Quadratwurzeln; Kubikzahlen; Kubikwurzeln

n	n^2	$\sqrt{n}$	n^3	$\sqrt[3]{n}$	n	n^2	$\sqrt{n}$	n^3	$\sqrt[3]{n}$
1	1	1,000	1	1,000	51	2601	7,141	132651	3,708
2	4	1,414	8	1,260	52	2704	7,211	140608	3,733
3	9	1,732	27	1,442	53	2809	7,280	148877	3,756
4	16	2,000	64	1,587	54	2916	7,348	157464	3,780
5	25	2,236	125	1,710	55	3025	7,416	166375	3,803
6	36	2,449	216	1,817	56	3136	7,483	175616	3,826
7	49	2,646	343	1,913	57	3249	7,550	185193	3,849
8	64	2,828	512	2,000	58	3364	7,616	195112	3,871
9	81	3,000	729	2,080	59	3481	7,681	205379	3,893
10	100	3,162	1000	2,154	60	3600	7,746	216000	3,915
11	121	3,317	1331	2,224	61	3721	7,810	226981	3,936
12	144	3,464	1728	2,289	62	3844	7,874	238328	3,958
13	169	3,606	2197	2,351	63	3969	7,937	250047	3,979
14	196	3,742	2744	2,410	64	4096	8,000	262144	4,000
15	225	3,873	3375	2,466	65	4225	8,062	274625	4,021
16	256	4,000	4096	2,520	66	4356	8,124	287496	4,041
17	289	4,123	4913	2,571	67	4489	8,185	300763	4,062
18	324	4,243	5832	2,621	68	4624	8,246	314432	4,082
19	361	4,359	6859	2,668	69	4761	8,307	328509	4,102
20	400	4,472	8000	2,714	70	4900	8,367	343000	4,121
21	441	4,583	9261	2,759	71	5041	8,426	357911	4,141
22	484	4,690	10648	2,802	72	5184	8,485	373248	4,160
23	529	4,796	12167	2,844	73	5329	8,544	389017	4,179
24	576	4,899	13824	2,884	74	5476	8,602	405224	4,198
25	625	5,000	15625	2,924	75	5625	8,660	421875	4,217
26	676	5,099	17576	2,962	76	5776	8,718	438976	4,236
27	729	5,196	19683	3,000	77	5929	8,775	456533	4,254
28	784	5,292	21952	3,037	78	6084	8,832	474552	4,273
29	841	5,385	24389	3,072	79	6241	8,888	493039	4,291
30	900	5,477	27000	3,107	80	6400	8,944	512000	4,309
31	961	5,568	29791	3,141	81	6561	9,000	531441	4,327
32	1024	5,657	32768	3,175	82	6724	9,055	551368	4,344
33	1089	5,745	35937	3,208	83	6889	9,110	571787	4,362
34	1156	5,831	39304	3,240	84	7056	9,165	592704	4,380
35	1225	5,916	42875	3,271	85	7225	9,220	614125	4,397
36	1296	6,000	46656	3,302	86	7396	9,274	636056	4,414
37	1369	6,083	50653	3,332	87	7569	9,327	658503	4,431
38	1444	6,164	54872	3,362	88	7744	9,381	681472	4,448
39	1521	6,245	59319	3,391	89	7921	9,434	704969	4,465
40	1600	6,325	64000	3,420	90	8100	9,487	729000	4,481
41	1681	6,403	68921	3,448	91	8281	9,539	753571	4,498
42	1764	6,481	74088	3,476	92	8464	9,592	778688	4,514
43	1849	6,557	79507	3,503	93	8649	9,644	804357	4,531
44	1936	6,633	85184	3,530	94	8836	9,695	830584	4,547
45	2025	6,708	91125	3,557	95	9025	9,747	857375	4,563
46	2116	6,782	97336	3,583	96	9216	9,798	884736	4,579
47	2209	6,856	103823	3,609	97	9409	9,849	912673	4,595
48	2304	6,928	110592	3,634	98	9604	9,899	941192	4,610
49	2401	7,000	117649	3,659	99	9801	9,950	970299	4,626
50	2500	7,071	125000	3,684	100	10000	10,000	1000000	4,642

Zeichen · Ziffern · Zahlentafeln

Quadrattafel

x	0	1	2	3	4	5	6	7	8	9
1,0	1,000	1,020	1,040	1,061	1,082	1,102	1,124	1,145	1,166	1,188
1,1	1,210	1,232	1,254	1,277	1,300	1,322	1,346	1,369	1,392	1,416
1,2	1,440	1,464	1,488	1,513	1,538	1,562	1,588	1,613	1,638	1,664
1,3	1,690	1,716	1,742	1,769	1,796	1,822	1,850	1,877	1,904	1,932
1,4	1,960	1,988	2,016	2,045	2,074	2,102	2,132	2,161	2,190	2,220
1,5	2,250	2,280	2,310	2,341	2,372	2,402	2,434	2,465	2,496	2,528
1,6	2,560	2,592	2,624	2,657	2,690	2,722	2,756	2,789	2,822	2,856
1,7	2,890	2,924	2,958	2,993	3,028	3,062	3,098	3,133	3,168	3,204
1,8	3,240	3,276	3,312	3,349	3,386	3,422	3,460	3,497	3,534	3,572
1,9	3,610	3,648	3,686	3,725	3,764	3,802	3,842	3,881	3,920	3,960
2,0	4,000	4,040	4,080	4,121	4,162	4,202	4,244	4,285	4,326	4,368
2,1	4,410	4,452	4,494	4,537	4,580	4,622	4,666	4,709	4,752	4,796
2,2	4,840	4,884	4,928	4,973	5,018	5,062	5,108	5,153	5,198	5,244
2,3	5,290	5,336	5,382	5,429	5,476	5,522	5,570	5,617	5,664	5,712
2,4	5,760	5,808	5,856	5,905	5,954	6,002	6,052	6,101	6,150	6,200
2,5	6,250	6,300	6,350	6,401	6,452	6,502	6,554	6,605	6,656	6,708
2,6	6,760	6,812	6,864	6,917	6,970	7,022	7,076	7,129	7,182	7,236
2,7	7,290	7,344	7,398	7,453	7,508	7,562	7,618	7,673	7,728	7,784
2,8	7,840	7,896	7,952	8,009	8,066	8,122	8,180	8,237	8,294	8,352
2,9	8,410	8,468	8,526	8,585	8,644	8,702	8,762	8,821	8,880	8,940
3,0	9,000	9,060	9,120	9,181	9,242	9,302	9,364	9,425	9,486	9,548
3,1	9,610	9,672	9,734	9,797	9,860	9,922	9,986	10,05	10,11	10,18
3,2	10,24	10,30	10,37	10,43	10,50	10,56	10,63	10,69	10,76	10,82
3,3	10,89	10,96	11,02	11,09	11,16	11,22	11,29	11,36	11,42	11,49
3,4	11,56	11,63	11,70	11,76	11,83	11,90	11,97	12,04	12,11	12,18
3,5	12,25	12,32	12,39	12,46	12,53	12,60	12,67	12,74	12,82	12,89
3,6	12,96	13,03	13,10	13,18	13,25	13,32	13,40	13,47	13,54	13,62
3,7	13,69	13,76	13,84	13,91	13,99	14,06	14,14	14,21	14,29	14,36
3,8	14,44	14,52	14,59	14,67	14,75	14,82	14,90	14,98	15,05	15,13
3,9	15,21	15,29	15,37	15,44	15,52	15,60	15,68	15,76	15,84	15,92
4,0	16,00	16,08	16,16	16,24	16,32	16,40	16,48	16,56	16,65	16,73
4,1	16,81	16,89	16,97	17,06	17,14	17,22	17,31	17,39	17,47	17,56
4,2	17,64	17,72	17,81	17,89	17,98	18,06	18,15	18,23	18,32	18,40
4,3	18,49	18,58	18,66	18,75	18,84	18,92	19,01	19,10	19,18	19,27
4,4	19,36	19,45	19,54	19,62	19,71	19,80	19,89	19,98	20,07	20,16
4,5	20,25	20,34	20,43	20,52	20,61	20,70	20,79	20,88	20,98	21,07
4,6	21,16	21,25	21,34	21,44	21,53	21,62	21,72	21,81	21,90	22,00
4,7	22,09	22,18	22,28	22,37	22,47	22,56	22,66	22,75	22,85	22,94
4,8	23,04	23,14	23,23	23,33	23,43	23,52	23,62	23,72	23,81	23,91
4,9	24,01	24,11	24,21	24,30	24,40	24,50	24,60	24,70	24,80	24,90
5,0	25,00	25,10	25,20	25,30	25,40	25,50	25,60	25,70	25,81	25,91
5,1	26,01	26,11	26,21	26,32	26,42	26,52	26,63	26,73	26,83	26,94
5,2	27,04	27,14	27,25	27,35	27,46	27,56	27,67	27,77	27,88	27,98
5,3	28,09	28,20	28,30	28,41	28,52	28,62	28,73	28,84	28,94	29,05
5,4	29,16	29,27	29,38	29,48	29,59	29,70	29,81	29,92	30,03	30,14
x	0	1	2	3	4	5	6	7	8	9

Rückt das Komma in *x* eine Stelle nach rechts (links), so rückt es in x^2 zwei Stellen nach rechts (links).

Zeichen · Ziffern · Zahlentafeln

x	0	1	2	3	4	5	6	7	8	9
5,5	30,25	30,36	30,47	30,58	30,69	30,80	30,91	31,02	31,14	31,25
5,6	31,36	31,47	31,58	31,70	31,81	31,92	32,04	32,15	32,26	32,38
5,7	32,49	32,60	32,72	32,83	32,95	33,06	33,18	33,29	33,41	33,52
5,8	33,64	33,76	33,87	33,99	34,11	34,22	34,34	34,46	34,57	34,69
5,9	34,81	34,93	35,05	35,16	35,28	35,40	35,52	35,64	35,76	35,88
6,0	36,00	36,12	36,24	36,36	36,48	36,60	36,72	36,84	36,97	37,09
6,1	37,21	37,33	37,45	37,58	37,70	37,82	37,95	38,07	38,19	38,32
6,2	38,44	38,56	38,69	38,81	38,94	39,06	39,19	39,31	39,44	39,56
6,3	39,69	39,82	39,94	40,07	40,20	40,32	40,45	40,58	40,70	40,83
6,4	40,96	41,09	41,22	41,34	41,47	41,60	41,73	41,86	41,99	42,12
6,5	42,25	42,38	42,51	42,64	42,77	42,90	43,03	43,16	43,30	43,43
6,6	43,56	43,69	43,82	43,96	44,09	44,22	44,36	44,49	44,62	44,76
6,7	44,89	45,02	45,16	45,29	45,43	45,56	45,70	45,83	45,97	46,10
6,8	46,24	46,38	46,51	46,65	46,79	46,92	47,06	47,20	47,33	47,47
6,9	47,61	47,75	47,89	48,02	48,16	48,30	48,44	48,58	48,72	48,86
7,0	49,00	49,14	49,28	49,42	49,56	49,70	49,84	49,98	50,13	50,27
7,1	50,41	50,55	50,69	50,84	50,98	51,12	51,27	51,41	51,55	51,70
7,2	51,84	51,98	52,13	52,27	52,42	52,56	52,71	52,85	53,00	53,14
7,3	53,29	53,44	53,58	53,73	53,88	54,02	54,17	54,32	54,46	54,61
7,4	54,76	54,91	55,06	55,20	55,35	55,50	55,65	55,80	55,95	56,10
7,5	56,25	56,40	56,55	56,70	56,85	57,00	57,15	57,30	57,46	57,61
7,6	57,76	57,91	58,06	58,22	58,37	58,52	58,68	58,83	58,98	59,14
7,7	59,29	59,44	59,60	59,75	59,91	60,06	60,22	60,37	60,53	60,68
7,8	60,84	61,00	61,15	61,31	61,47	61,62	61,78	61,94	62,09	62,25
7,9	62,41	62,57	62,73	62,88	63,04	63,20	63,36	63,52	63,68	63,84
8,0	64,00	64,16	64,32	64,48	64,64	64,80	64,96	65,12	65,29	65,45
8,1	65,61	65,77	65,93	66,10	66,26	66,42	66,59	66,75	66,91	67,08
8,2	67,24	67,40	67,57	67,73	67,90	68,06	68,23	68,39	68,56	68,72
8,3	68,89	69,06	69,22	69,39	69,56	69,72	69,89	70,06	70,22	70,39
8,4	70,56	70,73	70,90	71,06	71,23	71,40	71,57	71,74	71,91	72,08
8,5	72,25	72,42	72,59	72,76	72,93	73,10	73,27	73,44	73,62	73,79
8,6	73,96	74,13	74,30	74,48	74,65	74,82	75,00	75,17	75,34	75,52
8,7	75,69	75,86	76,04	76,21	76,39	76,56	76,74	76,91	77,09	77,26
8,8	77,44	77,62	77,79	77,97	78,15	78,32	78,50	78,68	78,85	79,03
8,9	79,21	79,39	79,57	79,74	79,92	80,10	80,28	80,46	80,64	80,82
9,0	81,00	81,18	81,36	81,54	81,72	81,90	82,08	82,26	82,45	82,63
9,1	82,81	82,99	83,17	83,36	83,54	83,72	83,91	84,09	84,27	84,46
9,2	84,64	84,82	85,01	85,19	85,38	85,56	85,75	85,93	86,12	86,30
9,3	86,49	86,68	86,86	87,05	87,24	87,42	87,61	87,80	87,98	88,17
9,4	88,36	88,55	88,74	88,92	89,11	89,30	89,49	89,68	89,87	90,06
9,5	90,25	90,44	90,63	90,82	91,01	91,20	91,39	91,58	91,78	91,97
9,6	92,16	92,35	92,54	92,74	92,93	93,12	93,32	93,51	93,70	93,90
9,7	94,09	94,28	94,48	94,67	94,87	95,06	95,26	95,45	95,65	95,84
9,8	96,04	96,24	96,43	96,63	96,83	97,02	97,22	97,42	97,61	97,81
9,9	98,01	98,21	98,41	98,60	98,80	99,00	99,20	99,40	99,60	99,80
x	0	1	2	3	4	5	6	7	8	9

■ $8{,}47^2 = 71{,}74$ $\sqrt{21{,}44} = 4{,}63$ $\sqrt{2{,}144} \approx \sqrt{2{,}132} = 1{,}46$
  $84{,}7^2 = 7174$ $\sqrt{2144} = 46{,}3$ $\sqrt{214{,}4} \approx \sqrt{213{,}2} = 14{,}6$

Zeichen · Ziffern · Zahlentafeln

Kubikzahlen

x	0	1	2	3	4	5	6	7	8	9
1,0	1,000	1,030	1,061	1,093	1,125	1,158	1,191	1,225	1,260	1,295
1,1	1,331	1,368	1,405	1,443	1,482	1,521	1,561	1,602	1,643	1,685
1,2	1,728	1,772	1,816	1,861	1,907	1,953	2,000	2,048	2,097	2,147
1,3	2,197	2,248	2,300	2,353	2,406	2,460	2,515	2,571	2,628	2,686
1,4	2,744	2,803	2,863	2,924	2,986	3,049	3,112	3,177	3,242	3,308
1,5	3,375	3,443	3,512	3,582	3,652	3,724	3,796	3,870	3,944	4,020
1,6	4,096	4,173	4,252	4,331	4,411	4,492	4,574	4,657	4,742	4,827
1,7	4,913	5,000	5,088	5,178	5,268	5,359	5,452	5,545	5,640	5,735
1,8	5,832	5,930	6,029	6,128	6,230	6,332	6,435	6,539	6,645	6,751
1,9	6,859	6,968	7,078	7,189	7,301	7,415	7,530	7,645	7,762	7,881
2,0	8,000	8,121	8,242	8,365	8,490	8,615	8,742	8,870	8,999	9,129
2,1	9,261	9,394	9,528	9,664	9,800	9,938	10,08	10,22	10,36	10,50
2,2	10,65	10,79	10,94	11,09	11,24	11,39	11,54	11,70	11,85	12,01
2,3	12,17	12,33	12,49	12,65	12,81	12,98	13,14	13,31	13,48	13,65
2,4	13,82	14,00	14,17	14,35	14,53	14,71	14,89	15,07	15,25	15,44
2,5	15,63	15,81	16,00	16,19	16,39	16,58	16,78	16,97	17,17	17,37
2,6	17,58	17,78	17,98	18,19	18,40	18,61	18,82	19,03	19,25	19,47
2,7	19,68	19,90	20,12	20,35	20,57	20,80	21,02	21,25	21,48	21,72
2,8	21,95	22,19	22,43	22,67	22,91	23,15	23,39	23,64	23,89	24,14
2,9	24,39	24,64	24,90	25,15	25,41	25,67	25,93	26,20	26,46	26,73
3,0	27,00	27,27	27,54	27,82	28,09	28,37	28,65	28,93	29,22	29,50
3,1	29,79	30,08	30,37	30,66	30,96	31,26	31,55	31,86	32,16	32,46
3,2	32,77	33,08	33,39	33,70	34,01	34,33	34,65	34,97	35,29	35,61
3,3	35,94	36,26	36,59	36,93	37,26	37,60	37,93	38,27	38,61	38,96
3,4	39,30	39,65	40,00	40,35	40,71	41,06	41,42	41,78	42,14	42,51
3,5	42,88	43,24	43,61	43,99	44,36	44,74	45,12	45,50	45,88	46,27
3,6	46,66	47,05	47,44	47,83	48,23	48,63	49,03	49,43	49,84	50,24
3,7	50,65	51,06	51,48	51,90	52,31	52,73	53,16	53,58	54,01	54,44
3,8	54,87	55,31	55,74	56,18	56,62	57,07	57,51	57,96	58,41	58,86
3,9	59,32	59,78	60,24	60,70	61,16	61,63	62,10	62,57	63,04	63,52
4,0	64,00	64,48	64,96	65,45	65,94	66,43	66,92	67,42	67,92	68,42
4,1	68,92	69,43	69,93	70,44	70,96	71,47	71,99	72,51	73,03	73,56
4,2	74,09	74,62	75,15	75,69	76,23	76,77	77,31	77,85	78,40	78,95
4,3	79,51	80,06	80,62	81,18	81,75	82,31	82,88	83,45	84,03	84,60
4,4	85,18	85,77	86,35	86,94	87,53	88,12	88,72	89,31	89,92	90,52
4,5	91,13	91,73	92,35	92,96	93,58	94,20	94,82	95,44	96,07	96,70
4,6	97,34	97,97	98,61	99,25	99,90	100,5	101,2	101,8	102,5	103,2
4,7	103,8	104,5	105,2	105,8	106,5	107,2	107,9	108,5	109,2	109,9
4,8	110,6	111,3	112,0	112,7	113,4	114,1	114,8	115,5	116,2	116,9
4,9	117,6	118,4	119,1	119,8	120,6	121,3	122,0	122,8	123,5	124,3
5,0	125,0	125,8	126,5	127,3	128,0	128,8	129,6	130,3	131,1	131,9
5,1	132,7	133,4	134,2	135,0	135,8	136,6	137,4	138,2	139,0	139,8
5,2	140,6	141,4	142,2	143,1	143,9	144,7	145,5	146,4	147,2	148,1
5,3	148,9	149,7	150,6	151,4	152,3	153,1	154,0	154,9	155,7	156,6
5,4	157,5	158,3	159,2	160,1	161,0	161,9	162,8	163,7	164,6	165,5
x	0	1	2	3	4	5	6	7	8	9

Rückt das Komma in x eine Stelle nach rechts (links), so rückt es in x^3 drei Stellen nach rechts (links).

Zeichen · Ziffern · Zahlentafeln 13

x	0	1	2	3	4	5	6	7	8	9
5,5	166,4	167,3	168,2	169,1	170,0	171,0	171,9	172,8	173,7	174,7
5,6	175,6	176,6	177,5	178,5	179,4	180,4	181,3	182,3	183,3	184,2
5,7	185,2	186,2	187,1	188,1	189,1	190,1	191,1	192,1	193,1	194,1
5,8	195,1	196,1	197,1	198,2	199,2	200,2	201,2	202,3	203,3	204,3
5,9	205,4	206,4	207,5	208,5	209,6	210,6	211,7	212,8	213,8	214,9
6,0	216,0	217,1	218,2	219,3	220,3	221,4	222,5	223,6	224,8	225,9
6,1	227,0	228,1	229,2	230,3	231,5	232,6	233,7	234,9	236,0	237,2
6,2	238,3	239,5	240,6	241,8	243,0	244,1	245,3	246,5	247,7	248,9
6,3	250,0	251,2	252,4	253,6	254,8	256,0	257,3	258,5	259,7	260,9
6,4	262,1	263,4	264,6	265,8	267,1	268,3	269,6	270,8	272,1	273,4
6,5	274,6	275,9	277,2	278,4	279,7	281,0	282,3	283,6	284,9	286,2
6,6	287,5	288,8	290,1	291,4	292,8	294,1	295,4	296,7	298,1	299,4
6,7	300,8	302,1	303,5	304,8	306,2	307,5	308,9	310,3	311,7	313,0
6,8	314,4	315,8	317,2	318,6	320,0	321,4	322,8	324,2	325,7	327,1
6,9	328,5	329,9	331,4	332,8	334,3	335,7	337,2	338,6	340,1	341,5
7,0	343,0	344,5	345,9	347,4	348,9	350,4	351,9	353,4	354,9	356,4
7,1	357,9	359,4	360,9	362,5	364,0	365,5	367,1	368,6	370,1	371,7
7,2	373,2	374,8	376,4	377,9	379,5	381,1	382,7	384,2	385,8	387,4
7,3	389,0	390,6	392,2	393,8	395,4	397,1	398,7	400,3	401,9	403,6
7,4	405,2	406,9	408,5	410,2	411,8	413,5	415,2	416,8	418,5	420,2
7,5	421,9	423,6	425,3	427,0	428,7	430,4	432,1	433,8	435,5	437,2
7,6	439,0	440,7	442,5	444,2	445,9	447,7	449,5	451,2	453,0	454,8
7,7	456,5	458,3	460,1	461,9	463,7	465,5	467,3	469,1	470,9	472,7
7,8	474,6	476,4	478,2	480,0	481,9	483,7	485,6	487,4	489,3	491,2
7,9	493,0	494,9	496,8	498,7	500,6	502,5	504,4	506,3	508,2	510,1
8,0	512,0	513,9	515,8	517,8	519,7	521,7	523,6	525,6	527,5	529,5
8,1	531,4	533,4	535,4	537,4	539,4	541,3	543,3	545,3	547,3	549,4
8,2	551,4	553,4	555,4	557,4	559,5	561,5	563,6	565,6	567,7	569,7
8,3	571,8	573,9	575,9	578,0	580,1	582,2	584,3	586,4	588,5	590,6
8,4	592,7	594,8	596,9	599,1	601,2	603,4	605,5	607,6	609,8	612,0
8,5	614,1	616,3	618,5	620,7	622,8	625,0	627,2	629,4	631,6	633,8
8,6	636,1	638,3	640,5	642,7	645,0	647,2	649,5	651,7	654,0	656,2
8,7	658,5	660,8	663,1	665,3	667,6	669,9	672,2	674,5	676,8	679,2
8,8	681,5	683,8	686,1	688,5	690,8	693,2	695,5	697,9	700,2	702,6
8,9	705,0	707,3	709,7	712,1	714,5	716,9	719,3	721,7	724,2	726,6
9,0	729,0	731,4	733,9	736,3	738,8	741,2	743,7	746,1	748,6	751,1
9,1	753,6	756,1	758,6	761,0	763,6	766,1	768,6	771,1	773,6	776,2
9,2	778,7	781,2	783,8	786,3	788,9	791,5	794,0	796,6	799,2	801,8
9,3	804,4	807,0	809,6	812,2	814,8	817,4	820,0	822,7	825,3	827,9
9,4	830,6	833,2	835,9	838,6	841,2	843,9	846,6	849,3	852,0	854,7
9,5	857,4	860,1	862,8	865,5	868,3	871,0	873,7	876,5	879,2	882,0
9,6	884,7	887,5	890,3	893,1	895,8	898,6	901,4	904,2	907,0	909,9
9,7	912,7	915,5	918,3	921,2	924,0	926,9	929,7	932,6	935,4	938,3
9,8	941,2	944,1	947,0	949,9	952,8	955,7	958,6	961,5	964,4	967,4
9,9	970,3	973,2	976,2	979,1	982,1	985,1	988,0	991,0	994,0	997,0
x	0	1	2	3	4	5	6	7	8	9

■ $8{,}47^3 = 607{,}6$ $\sqrt[3]{123{,}5} = 4{,}98$ $\sqrt[3]{1{,}235} \approx \sqrt[3]{1{,}225} = 1{,}07$
    $84{,}7^3 = 607600$ $\sqrt[3]{123500} = 49{,}8$ $\sqrt[3]{12{,}35} \approx \sqrt[3]{12{,}33} = 2{,}31$

Natürliche Logarithmen

	0	1	2	3	4	5	6	7	8	9
0	–	0,0000	0,6931	1,0986	1,3863	1,6094	1,7918	1,9459	2,0794	2,1972
1	2,3026	3979	4849	5649	6391	7081	7726	8332	8904	9444
2	2,9957	*0445	*0910	*1355	*1781	*2189	*2581	*2958	*3322	*3673
3	3,4012	4340	4657	4965	5264	5553	5835	6109	6376	6636
4	3,6889	7136	7377	7612	7842	8067	8286	8501	8712	8918
5	3,9120	9318	9512	9703	9890	*0073	*0254	*0431	*0604	*0775
6	4,0943	1109	1271	1431	1589	1744	1897	2047	2195	2341
7	4,2485	2627	2767	2905	3041	3175	3307	3438	3567	3694
8	3820	3944	4067	4188	4308	4427	4543	4659	4773	4886
9	4998	5109	5218	5326	5433	5539	5643	5747	5850	5951
10	4,6052	6151	6250	6347	6444	6540	6634	6728	6821	6913
11	4,7005	7095	7185	7274	7362	7449	7536	7622	7707	7791
12	7875	7958	8040	8122	8203	8283	8363	8442	8520	8598
13	8675	8752	8828	8903	8978	9053	9127	9200	9273	9345
14	4,9416	9488	9558	9628	9698	9767	9836	9904	9972	*0039
15	5,0106	0173	0239	0304	0370	0434	0499	0562	0626	0689
16	0752	0814	0876	0938	0999	1059	1120	1180	1240	1299
17	5,1358	1417	1475	1533	1591	1648	1705	1761	1818	1874
18	1930	1985	2040	2095	2149	2204	2257	2311	2364	2417
19	2470	2523	2575	2627	2679	2730	2781	2832	2883	2933
20	5,2983	3033	3083	3132	3181	3230	3279	3327	3375	3423
21	5,3471	3519	3566	3613	3660	3706	3753	3799	3845	3891
22	3936	3982	4027	4072	4116	4161	4205	4250	4293	4337
23	4381	4424	4467	4510	4553	4596	4638	4681	4723	4765
24	5,4806	4848	4889	4931	4972	5013	5053	5094	5134	5175
25	5215	5255	5294	5334	5373	5413	5452	5491	5530	5568
26	5607	5645	5683	5722	5759	5797	5835	5872	5910	5947
27	5,5984	6021	6058	6095	6131	6168	6204	6240	6276	6312
28	6348	6384	6419	6454	6490	6525	6560	6595	6630	6664
29	6699	6733	6768	6802	6836	6870	6904	6937	6971	7004
30	5,7038	7071	7104	7137	7170	7203	7236	7268	7301	7333
31	5,7366	7398	7430	7462	7494	7526	7557	7589	7621	7652
32	7683	7714	7746	7777	7807	7838	7869	7900	7930	7961
33	7991	8021	8051	8081	8111	8141	8171	8201	8230	8260
34	5,8289	8319	8348	8377	8406	8435	8464	8493	8522	8551
35	8579	8608	8636	8665	8693	8721	8749	8777	8805	8833
36	8861	8889	8916	8944	8972	8999	9026	9054	9081	9108
37	5,9135	9162	9189	9216	9243	9269	9296	9322	9349	9375
38	9402	9428	9454	9480	9506	9532	9558	9584	9610	9636
39	9661	9687	9713	9738	9764	9789	9814	9839	9865	9890
40	5,9915	9940	9965	9989	*0014	*0039	*0064	*0088	*0113	*0137
41	6,0162	0186	0210	0234	0259	0283	0307	0331	0355	0379
42	0403	0426	0450	0474	0497	0521	0544	0568	0591	0615
43	0638	0661	0684	0707	0730	0753	0776	0799	0822	0845
44	6,0868	0890	0913	0936	0958	0981	1003	1026	1048	1070
45	1092	1115	1137	1159	1181	1203	1225	1247	1269	1291
46	1312	1334	1356	1377	1399	1420	1442	1463	1485	1506
47	6,1527	1549	1570	1591	1612	1633	1654	1675	1696	1717
48	1738	1759	1779	1800	1821	1841	1862	1883	1903	1924
49	1944	1964	1985	2005	2025	2046	2066	2086	2106	2126

■ ln 6 = 1,7918; ln 60 = 4,0943; ln 0,6 = ln (6:10) = ln 6 − ln 10 = 1,7918 − 2,3026 = − 0,5108

Zeichen · Ziffern · Zahlentafeln 15

	0	1	2	3	4	5	6	7	8	9
50	6,2146	2166	2186	2206	2226	2246	2265	2285	2305	2324
51	6,2344	2364	2383	2403	2422	2442	2461	2480	2500	2519
52	2538	2558	2577	2596	2615	2634	2653	2672	2691	2710
53	2729	2748	2766	2785	2804	2823	2841	2860	2879	2897
54	6,2916	2934	2953	2971	2989	3008	3026	3044	3063	3081
55	3099	3117	3135	3154	3172	3190	3208	3226	3244	3261
56	3279	3297	3315	3333	3351	3368	3386	3404	3421	3439
57	6,3456	3474	3491	3509	3526	3544	3561	3578	3596	3613
58	3630	3648	3665	3682	3699	3716	3733	3750	3767	3784
59	3801	3818	3835	3852	3869	3886	3902	3919	3936	3953
60	6,3969	3986	4003	4019	4036	4052	4069	4085	4102	4118
61	6,4135	4151	4167	4184	4200	4216	4232	4249	4265	4281
62	4297	4313	4329	4345	4362	4378	4394	4409	4425	4441
63	4457	4473	4489	4505	4520	4536	4552	4568	4583	4599
64	6,4615	4630	4646	4661	4677	4693	4708	4723	4739	4754
65	4770	4785	4800	4816	4831	4846	4862	4877	4892	4907
66	4922	4938	4953	4968	4983	4998	5013	5028	5043	5058
67	6,5073	5088	5103	5117	5132	5147	5162	5177	5191	5206
68	5221	5236	5250	5265	5280	5294	5309	5323	5338	5352
69	5367	5381	5396	5410	5425	5439	5453	5468	5482	5497
70	6,5511	5525	5539	5554	5568	5582	5596	5610	5624	5639
71	6,5653	5667	5681	5695	5709	5723	5737	5751	5765	5779
72	5793	5806	5820	5834	5848	5862	5876	5889	5903	5917
73	5930	5944	5958	5971	5985	5999	6012	6026	6039	6053
74	6,6067	6080	6093	6107	6120	6134	6147	6161	6174	6187
75	6201	6214	6227	6241	6254	6267	6280	6294	6307	6320
76	6333	6346	6359	6373	6386	6399	6412	6425	6438	6451
77	6,6464	6477	6490	6503	6516	6529	6542	6554	6567	6580
78	6593	6606	6619	6631	6644	6657	6670	6682	6695	6708
79	6720	6733	6746	6758	6771	6783	6796	6809	6821	6834
80	6,6846	6859	6871	6884	6896	6908	6921	6933	6946	6958
81	6,6970	6983	6995	7007	7020	7032	7044	7056	7069	7081
82	7093	7105	7117	7130	7142	7154	7166	7178	7190	7202
83	7214	7226	7238	7250	7262	7274	7286	7298	7310	7322
84	6,7334	7346	7358	7370	7382	7393	7405	7417	7429	7441
85	7452	7464	7476	7488	7499	7511	7523	7534	7546	7558
86	7569	7581	7593	7604	7616	7627	7639	7650	7662	7673
87	6,7685	7696	7708	7719	7731	7742	7754	7765	7776	7788
88	7799	7811	7822	7833	7845	7856	7867	7878	7890	7901
89	7912	7923	7935	7946	7957	7968	7979	7991	8002	8013
90	6,8024	8035	8046	8057	8068	8079	8090	8101	8112	8123
91	6,8134	8145	8156	8167	8178	8189	8200	8211	8222	8233
92	8244	8255	8265	8276	8287	8298	8309	8320	8330	8341
93	8352	8363	8373	8384	8395	8405	8416	8427	8437	8448
94	6,8459	8469	8480	8491	8501	8512	8522	8533	8544	8554
95	8565	8575	8586	8596	8607	8617	8628	8638	8648	8659
96	8669	8680	8690	8701	8711	8721	8732	8742	8752	8763
97	6,8773	8783	8794	8804	8814	8824	8835	8845	8855	8865
98	8876	8886	8896	8906	8916	8926	8937	8947	8957	8967
99	8977	8987	8997	9007	9017	9027	9037	9048	9058	9068
100	6,9078	9088	9098	9108	9117	9127	9137	9147	9157	9167

■ ln 6000 = ln (600 · 10) = ln 600 + ln 10 = 6,3969 + 2,3026 = 8,6995

Zeichen · Ziffern · Zahlentafeln

Mantissen der dekadischen Logarithmen

Zahl	0	1	2	3	4	5	6	7	8	9
100	00 000	043	087	130	173	217	260	303	346	389
101	00 432	475	518	561	604	647	689	732	775	817
102	860	903	945	988	*030	*072	*115	*157	*199	*242
103	01 284	326	368	410	452	494	536	578	620	662
104	703	745	787	828	870	912	953	995	*036	*078
105	02 119	160	202	243	284	325	366	407	449	490
106	531	572	612	653	694	735	776	816	857	898
107	938	979	*019	*060	*100	*141	*181	*222	*262	*302
108	03 342	383	423	463	503	543	583	623	663	703
109	743	782	822	862	902	941	981	*021	*060	*100
10	0000	0043	0086	0128	0170	0212	0253	0294	0334	0374
11	0414	0453	0492	0531	0569	0607	0645	0682	0719	0755
12	0792	0828	0864	0899	0934	0969	1004	1038	1072	1106
13	1139	1173	1206	1239	1271	1303	1335	1367	1399	1430
14	1461	1492	1523	1553	1584	1614	1644	1673	1703	1732
15	1761	1790	1818	1847	1875	1903	1931	1959	1987	2014
16	2041	2068	2095	2122	2148	2175	2201	2227	2253	2279
17	2304	2330	2355	2380	2405	2430	2455	2480	2504	2529
18	2553	2577	2601	2625	2648	2672	2695	2718	2742	2765
19	2788	2810	2833	2856	2878	2900	2923	2945	2967	2989
20	3010	3032	3054	3075	3096	3118	3139	3160	3181	3201
21	3222	3243	3263	3284	3304	3324	3345	3365	3385	3404
22	3424	3444	3464	3483	3502	3522	3541	3560	3579	3598
23	3617	3636	3655	3674	3692	3711	3729	3747	3766	3784
24	3802	3820	3838	3856	3874	3892	3909	3927	3945	3962
25	3979	3997	4014	4031	4048	4065	4082	4099	4116	4133
26	4150	4166	4183	4200	4216	4232	4249	4265	4281	4298
27	4314	4330	4346	4362	4378	4393	4409	4425	4440	4456
28	4472	4487	4502	4518	4533	4548	4564	4579	4594	4609
29	4624	4639	4654	4669	4683	4698	4713	4728	4742	4757
30	4771	4786	4800	4814	4829	4843	4857	4871	4886	4900
31	4914	4928	4942	4955	4969	4983	4997	5011	5024	5038
32	5051	5065	5079	5092	5105	5119	5132	5145	5159	5172
33	5185	5198	5211	5224	5237	5250	5263	5276	5289	5302
34	5315	5328	5340	5353	5366	5378	5391	5403	5416	5428
35	5441	5453	5465	5478	5490	5502	5514	5527	5539	5551
36	5563	5575	5587	5599	5611	5623	5635	5647	5658	5670
37	5682	5694	5705	5717	5729	5740	5752	5763	5775	5786
38	5798	5809	5821	5832	5843	5855	5866	5877	5888	5899
39	5911	5922	5933	5944	5955	5966	5977	5988	5999	6010
40	6021	6031	6042	6053	6064	6075	6085	6096	6107	6117
41	6128	6138	6149	6160	6170	6180	6191	6201	6212	6222
42	6232	6243	6253	6263	6274	6284	6294	6304	6314	6325
43	6335	6345	6355	6365	6375	6385	6395	6405	6415	6425
44	6435	6444	6454	6464	6474	6484	6493	6503	6513	6522
45	6532	6542	6551	6561	6571	6580	6590	6599	6609	6618
46	6628	6637	6646	6656	6665	6675	6684	6693	6702	6712
47	6721	6730	6739	6749	6758	6767	6776	6785	6794	6803
48	6812	6821	6830	6839	6848	6857	6866	6875	6884	6893
49	6902	6911	6920	6928	6937	6946	6955	6964	6972	6981

■ lg 43 = 1,6335; lg 430 = 2,6335; lg 4332 ≈ lg 4330 = 3,6365. Der Stern * in der Zeile 107 bedeutet, daß für die Ziffernfolge 019, 060, ... bereits 03 als erste Ziffern hinzuzufügen sind: 03019, 03060, ...

Zeichen · Ziffern · Zahlentafeln

Zahl	0	1	2	3	4	5	6	7	8	9
50	6990	6998	7007	7016	7024	7033	7042	7050	7059	7067
51	7076	7084	7093	7101	7110	7118	7126	7135	7143	7152
52	7160	7168	7177	7185	7193	7202	7210	7218	7226	7235
53	7243	7251	7259	7267	7275	7284	7292	7300	7308	7316
54	7324	7332	7340	7348	7356	7364	7372	7380	7388	7396
55	7404	7412	7419	7427	7435	7443	7451	7459	7466	7474
56	7482	7490	7497	7505	7513	7520	7528	7536	7543	7551
57	7559	7566	7574	7582	7589	7597	7604	7612	7619	7627
58	7634	7642	7649	7657	7664	7672	7679	7686	7694	7701
59	7709	7716	7723	7731	7738	7745	7752	7760	7767	7774
60	7782	7789	7796	7803	7810	7818	7825	7832	7839	7846
61	7853	7860	7868	7875	7882	7889	7896	7903	7910	7917
62	7924	7931	7938	7945	7952	7959	7966	7973	7980	7987
63	7993	8000	8007	8014	8021	8028	8035	8041	8048	8055
64	8062	8069	8075	8082	8089	8096	8102	8109	8116	8122
65	8129	8136	8142	8149	8156	8162	8169	8176	8182	8189
66	8195	8202	8209	8215	8222	8228	8235	8241	8248	8254
67	8261	8267	8274	8280	8287	8293	8299	8306	8312	8319
68	8325	8331	8338	8344	8351	8357	8363	8370	8376	8382
69	8388	8395	8401	8407	8414	8420	8426	8432	8439	8445
70	8451	8457	8463	8470	8476	8482	8488	8494	8500	8506
71	8513	8519	8525	8531	8537	8543	8549	8555	8561	8567
72	8573	8579	8585	8591	8597	8603	8609	8615	8621	8627
73	8633	8639	8645	8651	8657	8663	8669	8675	8681	8686
74	8692	8698	8704	8710	8716	8722	8727	8733	8739	8745
75	8751	8756	8762	8768	8774	8779	8785	8791	8797	8802
76	8808	8814	8820	8825	8831	8837	8842	8848	8854	8859
77	8865	8871	8876	8882	8887	8893	8899	8904	8910	8915
78	8921	8927	8932	8938	8943	8949	8954	8960	8965	8971
79	8976	8982	8987	8993	8998	9004	9009	9015	9020	9025
80	9031	9036	9042	9047	9053	9058	9063	9069	9074	9079
81	9085	9090	9096	9101	9106	9112	9117	9122	9128	9133
82	9138	9143	9149	9154	9159	9165	9170	9175	9180	9186
83	9191	9196	9201	9206	9212	9217	9222	9227	9232	9238
84	9243	9248	9253	9258	9263	9269	9274	9279	9284	9289
85	9294	9299	9304	9309	9315	9320	9325	9330	9335	9340
86	9345	9350	9355	9360	9365	9370	9375	9380	9385	9390
87	9395	9400	9405	9410	9415	9420	9425	9430	9435	9440
88	9445	9450	9455	9460	9465	9469	9474	9479	9484	9489
89	9494	9499	9504	9509	9513	9518	9523	9528	9533	9538
90	9542	9547	9552	9557	9562	9566	9571	9576	9581	9586
91	9590	9595	9600	9605	9609	9614	9619	9624	9628	9633
92	9638	9643	9647	9652	9657	9661	9666	9671	9675	9680
93	9685	9689	9694	9699	9703	9708	9713	9717	9722	9727
94	9731	9736	9741	9745	9750	9754	9759	9763	9768	9773
95	9777	9782	9786	9791	9795	9800	9805	9809	9814	9818
96	9823	9827	9832	9836	9841	9845	9850	9854	9859	9863
97	9868	9872	9877	9881	9886	9890	9894	9899	9903	9908
98	9912	9917	9921	9926	9930	9934	9939	9943	9948	9952
99	9956	9961	9965	9969	9974	9978	9983	9987	9991	9996

■ lg 0,726 = 0,8609 − 1   lg x = 0,9431; x = 8,77

Zeichen · Ziffern · Zahlentafeln

Werte der Winkelfunktionen Sinus und Kosinus

Grad	,0	,1	,2	,3	,4	,5	,6	,7	,8	,9	(1,0)	
0	0	0,00175	00349	00524	00698	00873	0105	0122	0140	0157	0175	89
1	0,0175	0192	0209	0227	0244	0262	0279	0297	0314	0332	0349	88
2	0349	0366	0384	0401	0419	0436	0454	0471	0488	0506	0523	87
3	0523	0541	0558	0576	0593	0610	0628	0645	0663	0680	0698	86
4	0,0698	0715	0732	0750	0767	0785	0802	0819	0837	0854	0872	85
5	0872	0889	0906	0924	0941	0958	0976	0993	1011	1028	1045	84
6	1045	1063	1080	1097	1115	1132	1149	1167	1184	1201	1219	83
7	0,1219	1236	1253	1271	1288	1305	1323	1340	1357	1374	1392	82
8	1392	1409	1426	1444	1461	1478	1495	1513	1530	1547	1564	81
9	1564	1582	1599	1616	1633	1650	1668	1685	1702	1719	1736	80
10	0,1736	1754	1771	1788	1805	1822	1840	1857	1874	1891	1908	79
11	0,1908	1925	1942	1959	1977	1994	2011	2028	2045	2062	2079	78
12	2079	2096	2113	2130	2147	2164	2181	2198	2215	2233	2250	77
13	2250	2267	2284	2300	2317	2334	2351	2368	2385	2402	2419	76
14	0,2419	2436	2453	2470	2487	2504	2521	2538	2554	2571	2588	75
15	2588	2605	2622	2639	2656	2672	2689	2706	2723	2740	2756	74
16	2756	2773	2790	2807	2823	2840	2857	2874	2890	2907	2924	73
17	0,2924	2940	2957	2974	2990	3007	3024	3040	3057	3074	3090	72
18	3090	3107	3123	3140	3156	3173	3190	3206	3223	3239	3256	71
19	3256	3272	3289	3305	3322	3338	3355	3371	3387	3404	3420	70
20	0,3420	3437	3453	3469	3486	3502	3518	3535	3551	3567	3584	69
21	0,3584	3600	3616	3633	3649	3665	3681	3697	3714	3730	3746	68
22	3746	3762	3778	3795	3811	3827	3843	3859	3875	3891	3907	67
23	3907	3923	3939	3955	3971	3987	4003	4019	4035	4051	4067	66
24	0,4067	4083	4099	4115	4131	4147	4163	4179	4195	4210	4226	65
25	4226	4242	4258	4274	4289	4305	4321	4337	4352	4368	4384	64
26	4384	4399	4415	4431	4446	4462	4478	4493	4509	4524	4540	63
27	0,4540	4555	4571	4586	4602	4617	4633	4648	4664	4679	4695	62
28	4695	4710	4726	4741	4756	4772	4787	4802	4818	4833	4848	61
29	4848	4863	4879	4894	4909	4924	4939	4955	4970	4985	5000	60
30	0,5000	5015	5030	5045	5060	5075	5090	5105	5120	5135	5150	59
31	0,5150	5165	5180	5195	5210	5225	5240	5255	5270	5284	5299	58
32	5299	5314	5329	5344	5358	5373	5388	5402	5417	5432	5446	57
33	5446	5461	5476	5490	5505	5519	5534	5548	5563	5577	5592	56
34	0,5592	5606	5621	5635	5650	5664	5678	5693	5707	5721	5736	55
35	5736	5750	5764	5779	5793	5807	5821	5835	5850	5864	5878	54
36	5878	5892	5906	5920	5934	5948	5962	5976	5990	6004	6018	53
37	0,6018	6032	6046	6060	6074	6088	6101	6115	6129	6143	6157	52
38	6157	6170	6184	6198	6211	6225	6239	6252	6266	6280	6293	51
39	6293	6307	6320	6334	6347	6361	6374	6388	6401	6414	6428	50
40	0,6428	6441	6455	6468	6481	6494	6508	6521	6534	6547	6561	49
41	0,6561	6574	6587	6600	6613	6626	6639	6652	6665	6678	6691	48
42	6691	6704	6717	6730	6743	6756	6769	6782	6794	6807	6820	47
43	6820	6833	6845	6858	6871	6884	6896	6909	6921	6934	6947	46
44	0,6947	6959	6972	6984	6997	7009	7022	7034	7046	7059	7071	45
	(1,0)	,9	,8	,7	,6	,5	,4	,3	,2	,1	,0	Grad

Zeichen · Ziffern · Zahlentafeln 19

Grad	,0	,1	,2	,3	,4	,5	,6	,7	,8	,9	(1,0)	
45	0,7071	7083	7096	7108	7120	7133	7145	7157	7169	7181	7193	44
46	7193	7206	7218	7230	7242	7254	7266	7278	7290	7302	7314	43
47	0,7314	7325	7337	7349	7361	7373	7385	7396	7408	7420	7431	42
48	7431	7443	7455	7466	7478	7490	7501	7513	7524	7536	7547	41
49	7547	7559	7570	7581	7593	7604	7615	7627	7638	7649	7660	**40**
50	0,7660	7672	7683	7694	7705	7716	7727	7738	7749	7760	7771	39
51	0,7771	7782	7793	7804	7815	7826	7837	7848	7859	7869	7880	38
52	7880	7891	7902	7912	7923	7934	7944	7955	7965	7976	7986	37
53	7986	7997	8007	8018	8028	8039	8049	8059	8070	8080	8090	36
54	0,8090	8100	8111	8121	8131	8141	8151	8161	8171	8181	8192	35
55	8192	8202	8211	8221	8231	8241	8251	8261	8271	8281	8290	34
56	8290	8300	8310	8320	8329	8339	8348	8358	8368	8377	8387	33
57	0,8387	8396	8406	8415	8425	8434	8443	8453	8462	8471	8480	32
58	8480	8490	8499	8508	8517	8526	8536	8545	8554	8563	8572	31
59	8572	8581	8590	8599	8607	8616	8625	8634	8643	8652	8660	**30**
60	0,8660	8669	8678	8686	8695	8704	8712	8721	8729	8738	8746	29
61	0,8746	8755	8763	8771	8780	8788	8796	8805	8813	8821	8829	28
62	8829	8838	8846	8854	8862	8870	8878	8886	8894	8902	8910	27
63	8910	8918	8926	8934	8942	8949	8957	8965	8973	8980	8988	26
64	0,8988	8996	9003	9011	9018	9026	9033	9041	9048	9056	9063	25
65	9063	9070	9078	9085	9092	9100	9107	9114	9121	9128	9135	24
66	9135	9143	9150	9157	9164	9171	9178	9184	9191	9198	9205	23
67	0,9205	9212	9219	9225	9232	9239	9245	9252	9259	9265	9272	22
68	9272	9278	9285	9291	9298	9304	9311	9317	9323	9330	9336	21
69	9336	9342	9348	9354	9361	9367	9373	9379	9385	9391	9397	**20**
70	0,9397	9403	9409	9415	9421	9426	9432	9438	9444	9449	9455	19
71	0,9455	9461	9466	9472	9478	9483	9489	9494	9500	9505	9511	18
72	9511	9516	9521	9527	9532	9537	9542	9548	9553	9558	9563	17
73	9563	9568	9573	9578	9583	9588	9593	9598	9603	9608	9613	16
74	0,9613	9617	9622	9627	9632	9636	9641	9646	9650	9655	9659	15
75	9659	9664	9668	9673	9677	9681	9686	9690	9694	9699	9703	14
76	9703	9707	9711	9715	9720	9724	9728	9732	9736	9740	9744	13
77	0,9744	9748	9751	9755	9759	9763	9767	9770	9774	9778	9781	12
78	9781	9785	9789	9792	9796	9799	9803	9806	9810	9813	9816	11
79	9816	9820	9823	9826	9829	9833	9836	9839	9842	9845	9848	**10**
80	0,9848	9851	9854	9857	9860	9863	9866	9869	9871	9874	9877	9
81	0,9877	9880	9882	9885	9888	9890	9893	9895	9898	9900	9903	8
82	9903	9905	9907	9910	9912	9914	9917	9919	9921	9923	9925	7
83	9925	9928	9930	9932	9934	9936	9938	9940	9942	9943	9945	6
84	0,9945	9947	9949	9951	9952	9954	9956	9957	9959	9960	9962	5
85	9962	9963	9965	9966	9968	9969	9971	9972	9973	9974	9976	4
86	9976	9977	9978	9979	9980	9981	9982	9983	9984	9985	9986	3
87	0,9986	9987	9988	9989	9990	9990	9991	9992	9993	9993	9994	2
88	9994	9995	9995	9996	9996	9997	9997	9997	9998	9998	9998	1
89	0,9998	9999	9999	9999	9999	1,000	1,000	1,000	1,000	1,000	1	**0**
	(1,0)	,9	,8	,7	,6	,5	,4	,3	,2	,1	,0	Grad

20 Zeichen · Ziffern · Zahlentafeln

Werte der Winkelfunktion Tangens

Grad	,0	,1	,2	,3	,4	,5	,6	,7	,8	,9
0	0	0,00175	00349	00524	00698	00873	0105	0122	0140	0157
1	0,0175	0192	0209	0227	0244	0262	0279	0297	0314	0332
2	0349	0367	0384	0402	0419	0437	0454	0472	0489	0507
3	0524	0542	0559	0577	0594	0612	0629	0647	0664	0682
4	0,0699	0717	0734	0752	0769	0787	0805	0822	0840	0857
5	0875	0892	0910	0928	0945	0963	0981	0998	1016	1033
6	1051	1069	1086	1104	1122	1139	1157	1175	1192	1210
7	0,1228	1246	1263	1281	1299	1317	1334	1352	1370	1388
8	1405	1423	1441	1459	1477	1495	1512	1530	1548	1566
9	1584	1602	1620	1638	1655	1673	1691	1709	1727	1745
10	0,1763	1781	1799	1817	1835	1853	1871	1890	1908	1926
11	0,1944	1962	1980	1998	2016	2035	2053	2071	2089	2107
12	2126	2144	2162	2180	2199	2217	2235	2254	2272	2290
13	2309	2327	2345	2364	2382	2401	2419	2438	2456	2475
14	0,2493	2512	2530	2549	2568	2586	2605	2623	2642	2661
15	2679	2698	2717	2736	2754	2773	2792	2811	2830	2849
16	2867	2886	2905	2924	2943	2962	2981	3000	3019	3038
17	0,3057	3076	3096	3115	3134	3153	3172	3191	3211	3230
18	3249	3269	3288	3307	3327	3346	3365	3385	3404	3424
19	3443	3463	3482	3502	3522	3541	3561	3581	3600	3620
20	0,3640	3659	3679	3699	3719	3739	3759	3779	3799	3819
21	0,3839	3859	3879	3899	3919	3939	3959	3979	4000	4020
22	4040	4061	4081	4101	4122	4142	4163	4183	4204	4224
23	4245	4265	4286	4307	4327	4348	4369	4390	4411	4431
24	0,4452	4473	4494	4515	4536	4557	4578	4599	4621	4642
25	4663	4684	4706	4727	4748	4770	4791	4813	4834	4856
26	4877	4899	4921	4942	4964	4986	5008	5029	5051	5073
27	0,5095	5117	5139	5161	5184	5206	5228	5250	5272	5295
28	5317	5340	5362	5384	5407	5430	5452	5475	5498	5520
29	5543	5566	5589	5612	5635	5658	5681	5704	5727	5750
30	0,5774	5797	5820	5844	5867	5890	5914	5938	5961	5985
31	0,6009	6032	6056	6080	6104	6128	6152	6176	6200	6224
32	6249	6273	6297	6322	6346	6371	6395	6420	6445	6469
33	6494	6519	6544	6569	6594	6619	6644	6669	6694	6720
34	0,6745	6771	6796	6822	6847	6873	6899	6924	6950	6976
35	7002	7028	7054	7080	7107	7133	7159	7186	7212	7239
36	7265	7292	7319	7346	7373	7400	7427	7454	7481	7508
37	0,7536	7563	7590	7618	7646	7673	7701	7729	7757	7785
38	7813	7841	7869	7898	7926	7954	7983	8012	8040	8069
39	8098	8127	8156	8185	8214	8243	8273	8302	8332	8361
40	0,8391	8421	8451	8481	8511	8541	8571	8601	8632	8662
41	0,8693	8724	8754	8785	8816	8847	8878	8910	8941	8972
42	9004	9036	9067	9099	9131	9163	9195	9228	9260	9293
43	9325	9358	9391	9424	9457	9490	9523	9556	9590	9623
44	0,9657	9691	9725	9759	9793	9827	9861	9896	9930	9965
	,0	,1	,2	,3	,4	,5	,6	,7	,8	,9

Zeichen · Ziffern · Zahlentafeln ➡ 21

Werte der Winkelfunktion Tangens

Grad	,0	,1	,2	,3	,4	,5	,6	,7	,8	,9
45	1,000	003	007	011	014	018	021	025	028	032
46	036	039	043	046	050	054	057	061	065	069
47	1,072	076	080	084	087	091	095	099	103	107
48	111	115	118	122	126	130	134	138	142	146
49	150	154	159	163	167	171	175	179	183	188
50	**1,192**	**196**	**200**	**205**	**209**	**213**	**217**	**222**	**226**	**230**
51	1,235	239	244	248	253	257	262	266	271	275
52	280	285	289	294	299	303	308	313	317	322
53	327	332	337	342	347	351	356	361	366	371
54	1,376	381	387	392	397	402	407	412	418	423
55	428	433	439	444	450	455	460	466	471	477
56	483	488	494	499	505	511	517	522	528	534
57	1,540	546	552	558	564	570	576	582	588	594
58	600	607	613	619	625	632	638	645	651	658
59	664	671	678	684	691	698	704	711	718	725
60	**1,732**	**739**	**746**	**753**	**760**	**767**	**775**	**782**	**789**	**797**
61	1,804	811	819	827	834	842	849	857	865	873
62	881	889	897	905	913	921	929	937	946	954
63	963	971	980	988	997	*006	*014	*023	*032	*041
64	2,050	059	069	078	087	097	106	116	125	135
65	145	154	164	174	184	194	204	215	225	236
66	246	257	267	278	289	300	311	322	333	344
67	2,356	367	379	391	402	414	426	438	450	463
68	475	488	500	513	526	539	552	565	578	592
69	605	619	633	646	660	675	689	703	718	733
70	**2,747**	**762**	**778**	**793**	**808**	**824**	**840**	**856**	**872**	**888**
71	2,904	921	937	954	971	989	*006	*024	*042	*060
72	3,078	096	115	133	152	172	191	211	230	251
73	271	291	312	333	354	376	398	420	442	465
74	3,487	511	534	558	582	606	630	655	681	706
75	732	758	785	812	839	867	895	923	952	981
76	4,011	041	071	102	134	165	198	230	264	297
77	4,331	366	402	437	474	511	548	586	625	665
78	705	745	787	829	872	915	959	*005	*050	*097
79	5,145	193	242	292	343	396	449	503	558	614
80	**5,671**	**5,730**	**5,789**	**5,850**	**5,912**	**5,976**	**6,041**	**6,107**	**6,174**	**6,243**
81	6,314	6,386	6,460	6,535	6,612	6,691	6,772	6,855	6,940	7,026
82	7,115	7,207	7,300	7,396	7,495	7,596	7,700	7,806	7,916	8,028
83	8,144	8,264	8,386	8,513	8,643	8,777	8,915	9,058	9,205	9,357
84	9,514	9,677	9,845	10,02	10,20	10,39	10,58	10,78	10,99	11,20
85	11,43	11,66	11,91	12,16	12,43	12,71	13,00	13,30	13,62	13,95
86	14,30	14,67	15,06	15,46	15,89	16,35	16,83	17,34	17,89	18,46
87	19,08	19,74	20,45	21,20	22,02	22,90	23,86	24,90	26,03	27,27
88	28,64	30,14	31,82	33,69	35,80	38,19	40,92	44,07	47,74	52,08
89	57,29	63,66	71,62	81,85	95,49	114,6	143,2	191,0	286,5	573,0
	,0	,1	,2	,3	,4	,5	,6	,7	,8	,9

Zeichen · Ziffern · Zahlentafeln

Winkelberechnung

Gradmaß

0,1° = 6′
0,2° = 12′
0,3° = 18′
0,4° = 24′
0,5° = 30′
0,6° = 36′
0,7° = 42′
0,8° = 48′
0,9° = 54′

Beim Gradmaß wird dem Vollwinkel die Zahl 360 zugeordnet.
Einheit: 1 Grad
(Das ist die Größe desjenigen Winkels, der gleich dem 360sten Teil des Vollwinkels ist.)
Weitere Einheiten:
1° = 60′ = 3 600″
1′ =   60″

Bogenmaß

α = 1 rad
≈ 57,296°

Beim Bogenmaß wird jedem Winkel (aufgefaßt als Zentriwinkel eines Kreises) das Verhältnis $\frac{b}{r}$ von Länge des zugehörigen Bogens und Länge des Radius als Maßzahl zugeordnet.
Einheit: 1 Radiant
(Das ist die Größe desjenigen Winkels, der aus dem Umfang eines Kreises einen Bogen von der Länge des Radius ausschneidet.)

Umrechnungsgleichungen: Bezeichnet man die Winkelgröße im Gradmaß mit α und die Winkelgröße im Bogenmaß mit arc α (arcus, lat., Bogen), so gilt:

$$\text{arc } \alpha = \frac{\pi}{180°} \cdot \alpha \approx 0{,}01745 \cdot \alpha \quad \text{und} \quad \alpha = \frac{180°}{\pi} \cdot \text{arc } \alpha \approx 57{,}29578° \cdot \text{arc } \alpha.$$

Umrechnungstafel: Grad in Radiant

Grad	Rad.	Grad	Rad.	Grad	Rad.
1	0,017	31	0,541	61	1,065
2	035	32	559	62	082
3	052	33	576	63	100
4	070	34	593	64	117
5	087	35	611	65	134
6	0,105	36	0,628	66	1,152
7	122	37	646	67	169
8	140	38	663	68	187
9	157	39	681	69	204
10	**0,175**	**40**	**0,698**	**70**	**1,222**
11	0,192	41	0,716	71	1,239
12	209	42	733	72	257
13	227	43	750	73	274
14	244	44	768	74	292
15	262	45	785	75	309
16	0,279	46	0,803	76	1,326
17	297	47	820	77	344
18	314	48	838	78	361
19	332	49	855	79	379
20	**0,349**	**50**	**0,873**	**80**	**1,396**
21	0,367	51	0,890	81	1,414
22	384	52	908	82	431
23	401	53	925	83	449
24	419	54	942	84	466
25	436	55	960	85	484
26	0,454	56	0,977	86	1,501
27	471	57	995	87	518
28	489	58	1,012	88	536
29	506	59	030	89	553
30	**0,524**	**60**	**1,047**	**90**	**1,571**
Grad	Rad.	Grad	Rad.	Grad	Rad.

Umrechnungstafel: Radiant in Grad

Rad.	Grad	Rad.	Grad	Rad.	Grad
0,02	1,1	0,62	35,5	1,22	69,9
0,04	2,3	0,64	36,7	1,24	71,0
0,06	3,4	0,66	37,8	1,26	72,2
0,08	4,6	0,68	39,0	1,28	73,3
0,10	5,7	0,70	40,1	1,30	74,5
0,12	6,9	0,72	41,3	1,32	75,6
0,14	8,0	0,74	42,4	1,34	76,8
0,16	9,2	0,76	43,5	1,36	77,9
0,18	10,3	0,78	44,7	1,38	79,1
0,20	**11,5**	**0,80**	**45,8**	**1,40**	**80,2**
0,22	12,6	0,82	47,0	1,42	81,4
0,24	13,8	0,84	48,1	1,44	82,5
0,26	14,9	0,86	49,3	1,46	83,7
0,28	16,0	0,88	50,4	1,48	84,8
0,30	17,2	0,90	51,6	1,50	85,9
0,32	18,3	0,92	52,7	1,52	87,1
0,34	19,5	0,94	53,9	1,54	88,2
0,36	20,6	0,96	55,0	1,56	89,4
0,38	21,8	0,98	56,1	1,58	90,5
0,40	**22,9**	**1,00**	**57,3**	**1,60**	**91,7**
0,42	24,1	1,02	58,4	1,62	92,8
0,44	25,2	1,04	59,6	1,64	94,0
0,46	26,4	1,06	60,7	1,66	95,1
0,48	27,5	1,08	61,9	1,68	96,3
0,50	28,6	1,10	63,0	1,70	97,4
0,52	29,8	1,12	64,2	1,72	98,5
0,54	30,9	1,14	65,3	1,74	99,7
0,56	32,1	1,16	66,5	1,76	100,8
0,58	33,2	1,18	67,6	1,78	102,0
0,60	**34,4**	**1,20**	**68,8**	**1,80**	**103,1**
Rad.	Grad	Rad.	Grad	Rad.	Grad

Mathematische Formeln

Prozentrechnung, Zinsrechnung, Rentenrechnung

Bedeutung der verwendeten Zeichen:
- G Grundwert ($G \triangleq 100\%$);
- K Kapital ($K \triangleq 100\%$);
- W Prozentwert;
- Z Zinsen;
- $p\%$ Prozentsatz
- $p\%$ Zinssatz (auch „Zinsfuß")

Prozent	Zu berechnen ist W	Zu berechnen ist $p\%$	Zu berechnen ist G
	$100\% \triangleq G$ $\quad 1\% \triangleq \dfrac{G}{100}$ $\quad p\% \triangleq p \cdot \dfrac{G}{100} = W$ $\boxed{W = p \cdot \dfrac{G}{100}}$	$G \triangleq 100\%$ $\quad 1 \triangleq \dfrac{100\%}{G}$ $\quad W \triangleq \dfrac{100\%}{G} \cdot W = p\%$ $\boxed{p = \dfrac{100}{G} \cdot W}$	$p\% \triangleq W$ $\quad 1\% \triangleq \dfrac{W}{p}$ $\quad 100\% \triangleq \dfrac{W}{p} \cdot 100 = G$ $\boxed{G = \dfrac{W}{p} \cdot 100}$

Grundbeziehung: $W : p = G : 100$

Wichtige Prozentsätze

$8\tfrac{1}{3}\%$	$12\tfrac{1}{2}\%$	$16\tfrac{2}{3}\%$	20%	25%	$33\tfrac{1}{3}\%$	50%	$66\tfrac{2}{3}\%$	75%
$\tfrac{1}{12}$	$\tfrac{1}{8}$	$\tfrac{1}{6}$	$\tfrac{1}{5}$	$\tfrac{1}{4}$	$\tfrac{1}{3}$	$\tfrac{1}{2}$	$\tfrac{2}{3}$	$\tfrac{3}{4}$

Zinsen

ein Jahr	m Monate	t Tage
$Z = \dfrac{p \cdot G}{100}$	$Z = \dfrac{p \cdot G \cdot m}{12 \cdot 100}$	$Z = \dfrac{p \cdot G \cdot t}{100 \cdot 360}$

Zinseszins

Das Kapital K wächst nach n Jahren auf K_n:

n	1	2	...	n
K_n	$K\left(1 + \dfrac{p}{100}\right)$	$K\left(1 + \dfrac{p}{100}\right)^2$	...	$K\left(1 + \dfrac{p}{100}\right)^n$

$K_n = K q^n$ mit $q = \left(1 + \dfrac{p}{100}\right)$

Grundformel der Rentenrechnung

Betrachtet wird ein Grundkapital K_a, das mit $p\%$ verzinst wird und zu dem jeweils *am Jahresende* die Zinsen und ein Ratenbetrag R zugeschlagen (bzw. die Zinsen zugeschlagen und ein Ratenbetrag R ausgezahlt) werden (nachschüssige Zahlungsweise). Kapital nach n Jahren: $K_n = K_a \cdot q^n \pm R \dfrac{q^n - 1}{q - 1}$; $q = 1 + \dfrac{p}{100}$

Bei vorschüssiger Zahlungsweise wird der Ratenbetrag schon am Jahresanfang eingezahlt (bzw. ausgezahlt). Daraus folgt für das Kapital nach n Jahren:

$K_n = K_a \cdot q^n \pm R \cdot q \dfrac{q^n - 1}{q - 1}$

Tilgungsrate einer Schuld

Eine Schuld K_a soll in n Jahren durch regelmäßige Raten R jeweils am Jahresende bei $p\%$ Verzinsung getilgt werden: $R = \dfrac{K_a q^n (q - 1)}{q^n - 1}$ mit $q = 1 + \dfrac{p}{100}$

Mathematische Formeln

Termumformungen, Rechnen mit Variablen

Brüche • erweitern, kürzen	$\dfrac{a}{b} = \dfrac{a \cdot c}{b \cdot c}$ ($b, c \neq 0$)	$\dfrac{a}{b} = \dfrac{a : c}{b : c}$ ($b, c \neq 0$ und a, b teilbar durch c)
• addieren, subtrahieren	$\dfrac{a}{b} \pm \dfrac{c}{d} = \dfrac{ad \pm bc}{bd}$ ($b, d \neq 0$)	
• multiplizieren, dividieren	$\dfrac{a}{b} \cdot \dfrac{c}{d} = \dfrac{a \cdot c}{b \cdot d}$	$\dfrac{a}{b} : \dfrac{c}{d} = \dfrac{a \cdot d}{b \cdot c} = \dfrac{ad}{bc}$ ($b, c, d \neq 0$)
Auflösen von Klammern	$a + (b + c) = a + b + c$ $a - (b + c) = a - b - c$	$a + (b - c) = a + b - c$ $a - (b - c) = a - b + c$
Ausmultiplizieren Dividieren	$a(b + c) = ab + ac$ $a(b - c) = ab - ac$ $(a \pm b) : c = \dfrac{a}{c} \pm \dfrac{b}{c}$ ($c \neq 0$)	$(a + b)(c + d) = ac + ad + bc + bd$ $(a - b)(c - d) = ac - ad - bc + bd$ $(a + b)(c - d) = ac - ad + bc - bd$ $(a - b)(c + d) = ac + ad - bc - bd$
Binomische Formeln	$(a + b)^2 = a^2 + 2ab + b^2$; $(a - b)^2 = a^2 - 2ab + b^2$; $(a + b)(a - b) = a^2 - b^2$ $a^3 - b^3 = (a - b)(a^2 + ab + b^2)$ $a^n - b^n = (a - b)(a^{n-1} + a^{n-2}b + a^{n-3}b^2 + \ldots + a^2 b^{n-3} + ab^{n-2} + b^{n-1})$ ($n = 1, 2, \ldots$)	

Mittelwerte

	2 Größen a_1, a_2	n Größen a_i
Arithmetisches Mittel	$A_m = \dfrac{a_1 + a_2}{2}$	$A_m = \dfrac{a_1 + a_2 + \ldots + a_n}{n} = \dfrac{1}{n} \cdot \sum_{i=1}^{n} a_i$
Geometrisches Mittel	$G_m = \sqrt{a_1 \cdot a_2}$	$G_m = \sqrt[n]{a_1 \cdot a_2 \cdot \ldots \cdot a_n} = \sqrt[n]{\prod_{i=1}^{n} a_i}$ ($a_i > 0$)
Harmonisches Mittel	$H_m = \dfrac{2 a_1 \cdot a_2}{a_1 + a_2}$	$H_m = \dfrac{n}{\dfrac{1}{a_1} + \dfrac{1}{a_2} + \ldots + \dfrac{1}{a_n}} = \dfrac{n}{\sum_{i=1}^{n} \dfrac{1}{a_i}}$
Konstruktive Ermittlung	• des arithmetischen Mittels zweier Größen	• des geometrischen Mittels zweier Größen (der mittleren Proportionale) $a_1 : G_m = G_m : a_2$

Mathematische Formeln

Potenzen

Definitionen für a^k (a eine beliebige reelle Zahl)	
Wenn k eine natürliche Zahl größer 1 ist, gilt Wenn $k = 1$ ist, gilt Wenn $k = 0$ und $a \neq 0$ ist, gilt Ferner gilt für beliebige k, ausgenommen $k = 0$:	$a^k = a \cdot a \cdot \ldots \cdot a$ (k Faktoren a). $a^1 = a$. $a^0 = 1$. (0^0 ist nicht erklärt.) $0^k = 0$.
Wenn k eine natürliche Zahl größer 0 und $a \neq 0$ ist, gilt:	$a^{-k} = \dfrac{1}{a^k}$.
Wenn $k = \dfrac{p}{q}$ mit $p \in \mathbb{Z}$, $q \in \mathbb{N}$ und $q \neq 0$ sowie $a \in \mathbb{R}$ und $a > 0$, gilt im Fall $p = 1$ ergibt sich	$a^{\frac{p}{q}} = (a^p)^{\frac{1}{q}} = \sqrt[q]{a^p}$; $a^{\frac{1}{q}} = \sqrt[q]{a}$.

Potenzgesetze ($a, b \in \mathbb{R}$ und $a \neq 0$; $b \neq 0$ sowie $m, n \in \mathbb{Z}$ oder $a, b \in \mathbb{R}$ und $a > 0$; $b > 0$ sowie $m, n \in \mathbb{R}$)

❶ $a^m \cdot a^n = a^{m+n}$ ❷ $\dfrac{a^m}{a^n} = a^{m-n}$ ❸ $a^m \cdot b^m = (a \cdot b)^m$

❹ $\dfrac{a^m}{b^m} = \left(\dfrac{a}{b}\right)^m$ ❺ $(a^m)^n = a^{m \cdot n}$

Wurzeln

Definition von $\sqrt[n]{a}$
Ist a eine nichtnegative reelle Zahl und n eine natürliche Zahl mit $n \geq 1$, so ist $\sqrt[n]{a}$ diejenige nichtnegative reelle Zahl b, für die $b^n = a$ gilt.

Wurzelgesetze ($a, b \in \mathbb{R}$; $a \geq 0$, $b \geq 0$ sowie $m, n \in \mathbb{N}$; $m \geq 1$, $n \geq 1$)

❶ $\sqrt[n]{a} \cdot \sqrt[n]{b} = \sqrt[n]{ab}$ ❷ $\dfrac{\sqrt[n]{a}}{\sqrt[n]{b}} = \sqrt[n]{\dfrac{a}{b}}$ (für $b > 0$)   ❸ $\sqrt[n]{\sqrt[m]{a}} = \sqrt[m]{\sqrt[n]{a}} = \sqrt[nm]{a}$

❹ $\left(\sqrt[n]{a}\right)^m = \sqrt[n]{a^m}$

Logarithmen

Definition für $\log_a b$
Ist a eine positive reelle Zahl, für die $a \neq 1$ gilt, und ist b eine positive reelle Zahl, so ist $\log_a b$ diejenige reelle Zahl c, für die $a^c = b$ gilt. Es gelten: $\log_a 1 = 0$, $\log_a a = 1$, $a^{\log_a b} = b$. ($\log_1 a$ ist nicht erklärt.)

Logarithmengesetze ($b, b_1, b_2 > 0$; r beliebig reell; $a > 0$ und $a \neq 1$)

❶ $\log_a(b_1 \cdot b_2) = \log_a b_1 + \log_a b_2$ ❷ $\log_a\left(\dfrac{b_1}{b_2}\right) = \log_a b_1 - \log_a b_2$

❸ $\log_a b^r = r \cdot \log_a b$ ❹ $\log_a \sqrt[n]{b} = \dfrac{1}{n} \cdot \log_a b$

Mathematische Formeln

Ebene Figuren

Dreieck

Innenwinkel:
$\alpha + \beta + \gamma = 180°$
Außenwinkel: $\alpha_1 = \beta + \gamma$
$\alpha_1 + \beta_1 + \gamma_1 = 360°$
Dreiecksungleichung:
$a + b > c$
$b + c > a$
$a + c > b$

$$A = \frac{1}{2} g \cdot h_g ; \quad A = \frac{1}{2} ab \cdot \sin \gamma$$

$u = a + b + c$

Sinussatz:
$$\frac{a}{\sin \alpha} = \frac{b}{\sin \beta} = \frac{c}{\sin \gamma}$$

Kosinussatz:
$c^2 = a^2 + b^2 - 2ab \cdot \cos \gamma$

Im rechtwinkligen Dreieck
($\triangle ABC$ mit $\gamma = 90°$) gilt:

$$A = \frac{1}{2} ab$$

$h^2 = pq$ Höhensatz

$a^2 = pc$ Kathetensatz
$b^2 = qc$

$a^2 + b^2 = c^2$ Satz des Pythagoras

$\sin \alpha = \cos \beta = \dfrac{a}{c}$; $\tan \alpha = \dfrac{a}{b}$

Im gleichseitigen Dreieck gilt:

$\alpha = 60°$; $h = \dfrac{a}{2}\sqrt{3}$

$A = \dfrac{a^2}{4}\sqrt{3}$

Viereck

Innenwinkelsatz:
$\alpha + \beta + \gamma + \delta = 360°$

$$A = A_1 + A_2$$

$u = a + b + c + d$

Parallelogramm

$a \parallel c$; $b \parallel d$
$a = c$; $b = d$
$\beta = \delta$; $\alpha + \beta = 180°$
$\alpha = \gamma$; $\alpha + \delta = 180°$

$$A = a \cdot h_a = b \cdot h_b$$

$u = 2(a + b)$

Trapez

Falls $a \parallel c$, gilt:
$\alpha + \delta = 180°$
$\beta + \gamma = 180°$
$m = \dfrac{a + c}{2}$

$$A = \frac{1}{2}(a + c) \cdot h$$

$u = a + b + c + d$

Rhombus (Raute)

$a \parallel c$; $b \parallel d$
$a = b = c = d$
$\alpha = \gamma$; $\beta = \delta$
$\alpha + \beta = 180°$

$$A = \frac{1}{2} ef$$

$u = 4a$

Drachenviereck

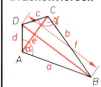

Falls $a = b$ und $c = d$, gilt:
$\alpha = \gamma$. $e \perp f$

$$A = \frac{1}{2} ef$$

$u = 2(a + d)$

Rechteck

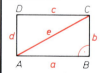

$e = \sqrt{a^2 + b^2}$
$e = f$
$\alpha = \beta = \gamma = \delta$

$$A = ab$$

$u = 2(a + b)$

Quadrat

$e = f$
$e \perp f$
$e = a\sqrt{2}$
$\alpha = \beta = \gamma = \delta$

$$A = a^2$$

$u = 4a$

Kreis

$\alpha = \gamma$
$\alpha = \dfrac{\beta}{2}$

α Peripheriewinkel
β Zentriwinkel (über der Sehne $\overline{AB}$)
γ Sehnentangentenwinkel

$$A = \frac{\pi}{4} d^2 = \pi r^2$$

$u = d\pi = 2\pi r$

Mathematische Formeln → 27

Kreisbogen	Kreisausschnitt
$\dfrac{b}{u} = \dfrac{\alpha}{360°}$; $\quad b = u \cdot \dfrac{\alpha}{360°}$ Da $u = 2\pi r$, folgt: $b = \dfrac{\pi}{180°} \alpha r$. $b = \operatorname{arc} \alpha \cdot r$	$\dfrac{A_\alpha}{A} = \dfrac{\alpha}{360°}$; $\quad A_\alpha = A \cdot \dfrac{\alpha}{360°}$ Da $A = r^2\pi$, folgt: $A_\alpha = \dfrac{\pi r^2 \alpha}{360°}$; $\quad A_\alpha = \dfrac{1}{2} br$. $A_\alpha = \dfrac{1}{2} \operatorname{arc} \alpha \cdot r^2$

Körper

Würfel	
	$e = a\sqrt{3}$ $V = a^3$ $A_O = 6a^2$

	Quader
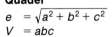	$e = \sqrt{a^2 + b^2 + c^2}$ $V = abc$ $A_O = 2(ab + ac + bc)$

Prisma	
	Es gilt $A_G = A_D$. $V = A_G h$ $A_M = S_1 + S_2 + \ldots + S_n$ $A_O = 2A_G + A_M$

	Kreiszylinder
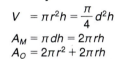	$V = \pi r^2 h = \dfrac{\pi}{4} d^2 h$ $A_M = \pi d h = 2\pi r h$ $A_O = 2\pi r^2 + 2\pi r h$ $\quad = \dfrac{\pi}{2} d^2 + \pi d h$

Pyramide	
	$V = \dfrac{1}{3} A_G h$ $A_M = A_1 + A_2 + \ldots + A_n$ $A_O = A_G + A_M$

	Kreiskegel
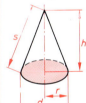	$s^2 = r^2 + h^2$ $V = \dfrac{1}{3} \pi r^2 h = \dfrac{1}{12} \pi d^2 h$ $A_M = \pi r s = \dfrac{\pi}{2} ds$ $A_O = \pi r s + \pi r^2$ $\quad = \dfrac{\pi}{2} ds + \dfrac{\pi}{4} d^2$

Pyramidenstumpf	
	$V = \dfrac{h}{3}(A_G + \sqrt{A_G A_D} + A_D)$ $A_M = A_1 + A_2 + \ldots + A_n$ $A_O = A_G + A_D + A_M$

	Kreiskegelstumpf
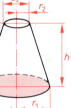	Falls $r_1 > r_2$, gilt: $s^2 = (r_1 - r_2)^2 + h^2$ $V = \dfrac{\pi}{3} h (r_1^2 + r_2^2 + r_1 r_2)$ $\quad = \dfrac{\pi h}{12}(d_1^2 + d_2^2 + d_1 d_2)$ $A_M = \pi s (r_1 + r_2)$ $A_O = \pi r_1^2 + \pi r_2^2 + \pi s (r_1 + r_2)$

Kugel	Kugelabschnitt
$V = \dfrac{4}{3} \pi r^3$ $\quad = \dfrac{1}{6} \pi d^3$ $A_O = 4\pi r^2$ $\quad = \pi d^2$	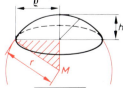 $\varrho = \sqrt{h(2r - h)}$ $V = \dfrac{1}{6} \pi h (3\varrho^2 + h^2)$ $\quad = \dfrac{1}{3} \pi h^2 (3r - h)$ $A_O = 2\pi r h + \varrho^2 \pi$ $\quad = \pi h (4r - h)$

Kugelschicht	Kugelausschnitt
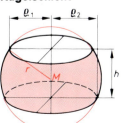	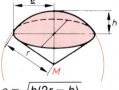 $\varrho = \sqrt{h(2r - h)}$
$V = \dfrac{\pi h}{6}(3\varrho_1^2 + 3\varrho_2^2 + h^2)$	$V = \dfrac{2\pi}{3} r^2 h$
Kugelzone: $A = 2\pi r h$ $A_O = \pi(\varrho_1^2 + 2rh + \varrho_2^2)$	**Kugelkappe:** $A = 2\pi r h$ $A_O = \pi \varrho r + 2\pi r h$

Mathematische Formeln

Funktionen / Gleichungen

Lineare Funktionen	$y = f(x) = mx + n$ $(m, n \in \mathbb{R}; m \neq 0)$ $m = \dfrac{f(x_1) - f(x_2)}{x_1 - x_2} = \tan \varphi$ Nullstelle x_0: $\quad x_0 = -\dfrac{n}{m}$	m: Anstieg des Graphen n: Ordinate des Schnittpunktes des Graphen mit der Ordinatenachse $[P(0; n)]$ φ: Schnittwinkel des Graphen mit der Abszissenachse

Quadratische Funktionen, quadratische Gleichungen

$y = f(x) = ax^2 + bx + c$ $(a, b, c \in \mathbb{R}; a \neq 0)$ (Allgemeine Form)

Scheitelpunkt S der Parabel	Nullstellen, falls $b^2 - 4ac \geq 0$
$S\left(-\dfrac{b}{2a}; \dfrac{4ac - b^2}{4a}\right)$	$x_{1,2} = -\dfrac{b}{2a} \pm \sqrt{\dfrac{b^2 - 4ac}{4a^2}}$

$y = f(x) = x^2 + px + q$ $(p, q \in \mathbb{R})$ (Normalform)

Scheitelpunkt S der Parabel	Nullstellen, falls $p^2 - 4q \geq 0$
$S\left(-\dfrac{p}{2}; -\dfrac{p^2}{4} + q\right)$	$x_{1,2} = -\dfrac{p}{2} \pm \sqrt{\dfrac{p^2}{4} - q}$

Die Nullstellen einer quadratischen Funktion sind die Lösungen der entsprechenden quadratischen Gleichung: $x^2 + px + q = 0$.
Wenn mit x_1 und x_2 die Lösungen von $x^2 + px + q = 0$ bezeichnet werden, so gilt:
$\quad x^2 + px + q = (x - x_1)(x - x_2)$ (Linearfaktoren),
und $\quad x_1 + x_2 = -p; \quad x_1 \cdot x_2 = q$ (VIETAscher Wurzelsatz).

Winkelfunktionen (Argumente im Bogenmaß oder im Gradmaß)

$y = \sin x \underset{\text{Def}}{=} \dfrac{v}{r}$
$y = \cos x \underset{\text{Def}}{=} \dfrac{u}{r}$
$y = \tan x \underset{\text{Def}}{=} \dfrac{\sin x}{\cos x}$

Dabei gilt:
$x \in \mathbb{R}; \ r, u, v \in \mathbb{R};$
$r > 0$ und für Tangens
auch: $x \neq (2k + 1)\dfrac{\pi}{2}$.

$\sin x = \cos(90° - x); \quad \cos x = \sin(90° - x); \quad \sin^2 x + \cos^2 x = 1$
Im rechtwinkligen Dreieck ABC mit $\angle ACB = 90°$ gilt:
$\sin \alpha = \dfrac{a}{c} \left(\dfrac{\text{Gegenkathete}}{\text{Hypotenuse}}\right); \quad \cos \alpha = \dfrac{b}{c} \left(\dfrac{\text{Ankathete}}{\text{Hypotenuse}}\right)$
$\tan \alpha = \dfrac{a}{b} \left(\dfrac{\text{Gegenkathete}}{\text{Ankathete}}\right)$

Spezielle Funktionswerte der Winkelfunktionen

x	0	$\dfrac{\pi}{6}$	$\dfrac{\pi}{4}$	$\dfrac{\pi}{3}$	$\dfrac{\pi}{2}$	$\dfrac{2\pi}{3}$	$\dfrac{3\pi}{4}$	$\dfrac{5\pi}{6}$	π	$\dfrac{5\pi}{4}$	$\dfrac{3\pi}{2}$	2π
	0°	30°	45°	60°	90°	120°	135°	150°	180°	225°	270°	360°
$\sin x$	0	$\dfrac{1}{2}$	$\dfrac{1}{2}\sqrt{2}$	$\dfrac{1}{2}\sqrt{3}$	1	$\dfrac{1}{2}\sqrt{3}$	$\dfrac{1}{2}\sqrt{2}$	$\dfrac{1}{2}$	0	$-\dfrac{1}{2}\sqrt{2}$	-1	0
$\cos x$	1	$\dfrac{1}{2}\sqrt{3}$	$\dfrac{1}{2}\sqrt{2}$	$\dfrac{1}{2}$	0	$-\dfrac{1}{2}$	$-\dfrac{1}{2}\sqrt{2}$	$-\dfrac{1}{2}\sqrt{3}$	-1	$-\dfrac{1}{2}\sqrt{2}$	0	1
$\tan x$	0	$\dfrac{1}{2}\sqrt{3}$	1	$\sqrt{3}$	—	$-\sqrt{3}$	-1	$-\dfrac{1}{3}\sqrt{3}$	0	1	—	0

Mathematische Formeln → 29

Funktionen / Gleichungen

Quadrantenbeziehungen

Sinus	Kosinus	Tangens
II $\sin(180° - x) = \sin x$ III $\sin(180° + x) = -\sin x$ IV $\sin(360° - x) = -\sin x$	II $\cos(180° - x) = -\cos x$ III $\cos(180° + x) = -\cos x$ IV $\cos(360° - x) = \cos x$	II $\tan(180° - x) = -\tan x$ III $\tan(180° + x) = \tan x$ IV $\tan(360° - x) = -\tan x$

Weitere Beziehungen

$\sin(x + k \cdot 360°) = \sin x$ $k \in \mathbb{Z}$ $\sin(-x) = -\sin x$	$\cos(x + k \cdot 360°) = \cos x$ $k \in \mathbb{Z}$ $\cos(-x) = \cos x$	$\tan(x + k \cdot 180°) = \tan x$ $k \in \mathbb{Z};\ x \neq 90° + k \cdot 180°$ $\tan(-x) = -\tan x$

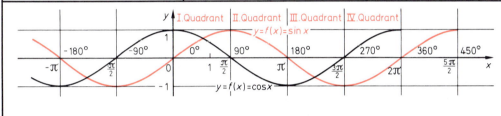

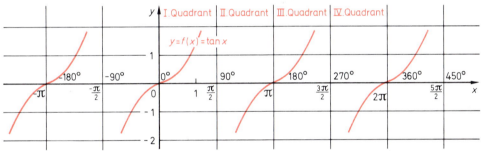

Additionstheoreme

$\sin(\alpha + \beta) = \sin\alpha \cdot \cos\beta + \cos\alpha \cdot \sin\beta$ $\cos(\alpha + \beta) = \cos\alpha \cdot \cos\beta - \sin\alpha \cdot \sin\beta$ $\tan(\alpha + \beta) = \dfrac{\tan\alpha + \tan\beta}{1 - \tan\alpha \cdot \tan\beta}$	$\sin(\alpha - \beta) = \sin\alpha \cdot \cos\beta - \cos\alpha \cdot \sin\beta$ $\cos(\alpha - \beta) = \cos\alpha \cdot \cos\beta + \sin\alpha \cdot \sin\beta$ $\tan(\alpha - \beta) = \dfrac{\tan\alpha - \tan\beta}{1 + \tan\alpha \cdot \tan\beta}$

Summen / Differenzen sowie Funktionen des doppelten und des halben Winkels

$\sin\alpha + \sin\beta = 2 \cdot \sin\dfrac{\alpha + \beta}{2} \cos\dfrac{\alpha - \beta}{2}$ $\cos\alpha + \cos\beta = 2 \cdot \cos\dfrac{\alpha + \beta}{2} \cos\dfrac{\alpha - \beta}{2}$	$\sin\alpha - \sin\beta = 2 \cdot \cos\dfrac{\alpha + \beta}{2} \sin\dfrac{\alpha - \beta}{2}$ $\cos\alpha - \cos\beta = -2 \cdot \sin\dfrac{\alpha + \beta}{2} \sin\dfrac{\alpha - \beta}{2}$
$\sin 2x = 2 \cdot \sin x \cos x = \dfrac{2 \cdot \tan x}{1 + \tan^2 x}$ $\cos 2x = \cos^2 x - \sin^2 x = 1 - 2 \cdot \sin^2 x$ $ = 2 \cdot \cos^2 x - 1$ $\tan 2x = \dfrac{2 \cdot \tan x}{1 - \tan^2 x}\ (\tan^2 x \neq 1)$	$\sin\dfrac{x}{2} = \sqrt{\dfrac{1 - \cos x}{2}}$ $\cos\dfrac{x}{2} = \sqrt{\dfrac{1 + \cos x}{2}}$ $\tan\dfrac{x}{2} = \sqrt{\dfrac{1 - \cos x}{1 + \cos x}}$

Mathematische Formeln

Kombinatorik

Potenzen von Binomen	Wenn $a, b \in \mathbb{R}$ und $n \in \mathbb{N}$, so gilt: $\qquad$ **PASCALsches Dreieck** $\qquad \qquad$ $(a \pm b)^0 = 1 \dots\dots\dots\dots\dots\dots\dots\dots\dots\dots\dots\dots\dots \quad 1$ $(a \pm b)^1 = a \pm b \dots\dots\dots\dots\dots\dots\dots\dots\dots\dots\dots \quad 1\ 1$ $(a \pm b)^2 = a^2 \pm 2ab + b^2 \dots\dots\dots\dots\dots\dots\dots\dots \quad 1\ 2\ 1$ $(a \pm b)^3 = a^3 \pm 3a^2b + 3ab^2 \pm b^3 \dots\dots\dots\dots \quad 1\ 3\ 3\ 1$ $(a \pm b)^4 = a^4 \pm 4a^3b + 6a^2b^2 \pm 4ab^3 + b^4 \dots \quad 1\ 4\ 6\ 4\ 1$ $(a \pm b)^5 = a^5 \pm 5a^4b + 10a^3b^2 \pm 10a^2b^3 + 5ab^4 \pm b^5 \quad 1\ 5\ 10\ 10\ 5\ 1$ Die dabei auftretenden Koeffizienten schreibt man auch als Binomialkoeffizienten. Für $(a \pm b)^5$ erhält man auf diese Weise: $(a \pm b)^5 = \binom{5}{0}a^5 \pm \binom{5}{1}a^4b + \binom{5}{2}a^3b^2 \pm \binom{5}{3}a^2b^3 + \binom{5}{4}ab^4 \pm \binom{5}{5}b^5$	
Binomialkoeffizienten **Binomischer Satz**	$\binom{n}{k} \underset{\text{Def}}{=} \dfrac{n!}{k!(n-k)!} = \dfrac{n(n-1)\dots[n-(k-1)]}{k!} \quad (n, k \in \mathbb{N};\ 0 < k \leq n)$ $\binom{n}{0} \underset{\text{Def}}{=} 1; \quad \binom{n}{k} = \binom{n}{n-k};$ $\binom{n}{k} + \binom{n}{k+1} = \binom{n+1}{k+1}$ $(a+b)^n = \binom{n}{0}a^n + \binom{n}{1}a^{n-1}b + \binom{n}{2}a^{n-2}b^2 + \dots + \binom{n}{n-1}ab^{n-1} + \binom{n}{n}b^n$ $(a+b)^n = \sum_{k=0}^{n} \binom{n}{k} a^{n-k} b^k$	
Fakultät	$a! \underset{\text{Def}}{=} 1 \cdot 2 \cdot 3 \cdot 4 \cdot \dots \cdot (a-1) a \quad (a \in \mathbb{N};\ a \geq 2);$ $0! \underset{\text{Def}}{=} 1; \quad 1! \underset{\text{Def}}{=} 1$ $(a+1)! \underset{\text{Def}}{=} a!(a+1)$	
Permutationen	Ist eine endliche Anzahl von n Elementen gegeben, so bezeichnet man die möglichen Anordnungen dieser Elemente als *Permutationen* der gegebenen Elemente.	
	P_n – Anzahl der Permutationen, wenn alle Elemente verschieden sind ■ a, b, c, d $P_4 = 4! = 1 \cdot 2 \cdot 3 \cdot 4 = 24$ $P_n = n!$	^wP_n – Anzahl der Permutationen, wenn gleiche Elemente auftreten ■ a, a, b, c $^wP_4 = \dfrac{4!}{2!} = 12$ $^wP_n = \dfrac{n!}{r! \cdot s! \cdot \dots \cdot t!}$
Variationen	Ist eine endliche Anzahl von n Elementen gegeben, so bezeichnet man die möglichen Anordnungen aus k als Variationen.	
	V_n^k – Anzahl der Variationen, wenn jedes Element in einer Variation nur einmal vorkommt (Variationen ohne Wiederholung). ■ Anordnung von genau 2 von 4 Elementen a, b, c, d $V_4^2 = \dfrac{4!}{(4-2)!} = 3 \cdot 4 = 12$ $V_n^k = \dfrac{n!}{(n-k)!}$	$^wV_n^k$ – Anzahl der Variationen, wenn jedes Element in einer Variation mehrfach vorkommen kann. (Variationen mit Wiederholung). ■ Anordnung von 2 von 4 Elementen mit möglicher Wiederholung $^wV_4^2 = 4^2 = 16$ $^wV_n^k = n^k$

Mathematische Formeln → 31

Kombinatorik

Kombinationen	Ist eine endliche Anzahl von n Elementen gegeben, so bezeichnet man jede Auswahl von k Elementen ohne Berücksichtigung ihrer Reihenfolge als *Kombination*.

Kombination ohne Wiederholung
C_n^k – Anzahl der Kombinationen, wenn jedes Element in einer Kombination nur einmal vorkommt

■ 4 Elemente, 2. Klasse

$$C_4^2 = \binom{4}{2} = \frac{4 \cdot 3}{1 \cdot 2} = 6$$

$$\boxed{C_n^k = \binom{n}{k}}$$

Kombination mit Wiederholung
$^wC_n^k$ – Anzahl der Kombinationen, wenn jedes Element in einer Kombination mehrmals vorkommen kann

■ 4 Elemente, 2. Klasse

$$^wC_4^2 = \binom{4+2-1}{4} = 10$$

$$\boxed{^wC_n^k = \binom{n+k-1}{k}}$$

Wahrscheinlichkeit

Grundbegriffe	Ein Vorgang mit zufälligem Ergebnis, ein *Zufallsversuch*, habe r mögliche Ergebnisse. Wir bezeichnen sie mit $\omega_1, \omega_2, \omega_3, ..., \omega_r$. Die Menge aller möglichen Ergebnisse, die *Ergebnismenge*, ist $\Omega = \{\omega_1, \omega_2, \omega_3, ..., \omega_r\}$. Jede Teilmenge A von Ω heißt ein zu diesem Zufallsversuch gehörendes *Ereignis* ($A \subseteq \Omega$). Mit $\bar{A}$ bezeichnen wir das *Gegenereignis* zu A. Das ist die Menge aller Ergebnisse, die nicht zu A gehören. Das *Ereignis* A tritt ein, wenn bei einem Zufallsversuch ein Ergebnis aus A eintritt. *Sicheres Ereignis:* Alle möglichen Ergebnisse sind günstig für das Ereignis. *Unmögliches Ereignis:* Keines der möglichen Ergebnisse ist günstig für das Ereignis.
Relative Häufigkeit	Ein Zufallsversuch wird n-mal ausgeführt; • dabei tritt das Ergebnis ω_i k-mal auf. Dann gilt für die relative Häufigkeit ω_i: $\quad \boxed{h_n(\omega_i) = \frac{k}{n}}$ • dabei treten k-mal Ergebnisse auf, die für das Ereignis A günstig sind. Dann gilt für die relative Häufigkeit von A: $\quad \boxed{h_n(A) = \frac{k}{n}}$ Die relative Häufigkeit eines Ereignisses A ist gleich der Summe der relativen Häufigkeiten der Ergebnisse ω_i, die für das Ereignis A günstig sind: Für $A = \{\omega_1, \omega_2, \omega_3, ..., \omega_i\}$ gilt $h_n(A) = h_n(\omega_1) + h_n(\omega_2) + ... + h_n(\omega_i)$.
Wahrscheinlichkeit	Die beobachtete relative Häufigkeit $h(A)$ des Eintretens von A nähert sich mit wachsender Beobachtungszahl dem stabilen Wert $P(A)$, der Wahrscheinlichkeit des Ereignisses. Grundeigenschaften: Es gilt $0 \leq P(A) \leq 1$. Ist $A = \{\omega_1, \omega_2, \omega_3, ..., \omega_k\}$, so ist $P(A) = P(\omega_1) + P(\omega_2) + ... + P(\omega_k)$. $P(\Omega) = 1 \quad$ Wahrscheinlichkeit des sicheren Ereignisses Ω $P(\emptyset) = 0 \quad$ Wahrscheinlichkeit des unmöglichen Ereignisses $\emptyset$ $P(\bar{A}) = 1 - P(A) \quad$ Wahrscheinlichkeit des zu A entgegengesetzten Ereignisses $\bar{A}$ Gleichverteilung (klassische Wahrscheinlichkeit): Sind alle Ergebnisse bei einem Vorgang mit zufälligem Ergebnis gleichwahrscheinlich, so gilt: $$P(A) = \frac{\text{Anzahl der für } A \text{ günstigen Ergebnisse}}{\text{Anzahl der möglichen Ergebnisse}}$$

Mathematische Formeln

Wahrscheinlichkeit

Zusammengesetzte Versuche/ Baumdiagramme	Vorgänge mit zufälligem Ergebnis können als Baumdiagramm dargestellt werden. Dabei führen zusammengesetzte (mehrstufige) Versuche (wie das mehrmalige Würfeln mit *einem* Würfel mit anschließendem Erfassen aller Ergebnisse) zu mehrfachen Verzweigungen. 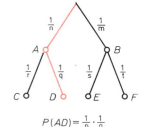 **Pfadregel:** Die Wahrscheinlichkeiten $p_1, p_2, \ldots$ längs eines Weges multiplizieren sich (im Beispiel rot hervorgehoben $P(OAD) = p_1 \cdot p_4$). $P(AD) = \frac{1}{n} \cdot \frac{1}{q}$ **Summenregel:** Die Wahrscheinlichkeiten verschiedener Wege addieren sich (im Beispiel $P(OAD \text{ oder } OBF) = p_1 \cdot p_4 + p_2 \cdot p_6$).
Additionssatz	Für die Wahrscheinlichkeit des Eintretens des Ereignisses A oder des Ereignisses B gilt: $P(A \cup B) = P(A) + P(B) - P(A \cap B)$. ■ Die Wahrscheinlichkeit, mit einem Spielwürfel einen Wurf unter 4 zu erzielen (Ereignis A) oder einen Wurf mit einer geraden Augenzahl zu erzielen (Ereignis B): $P(A \cup B) = \frac{1}{2} + \frac{1}{2} - \frac{1}{6} = \frac{5}{6}$.
Bedingte Wahrscheinlichkeit	Die Wahrscheinlichkeit des Eintretens von A unter der Bedingung des eingetretenen Ereignisses B betrachtet: $$P(A/B) = \frac{P(A \cap B)}{P(B)}$$ ■ Die Wahrscheinlichkeit, mit einem Spielwürfel einen Wurf unter 4 zu erzielen (Ereignis A), wird unter der Bedingung des erfolgten Eintretens des Ereignisses B (der Wurf liefert eine geradzahlige Augenzahl) betrachtet: $P(A/B) = \frac{1}{6} : \frac{1}{2} = \frac{1}{3}$.
Multiplikationssatz	Für die Wahrscheinlichkeit des Eintretens sowohl des Ereignisses A als auch des Ereignisses B gilt: $P(A \cap B) = P(A) \cdot P(B/A) = P(B) \cdot P(A/B)$. ■ Die Wahrscheinlichkeit, aus einem Kartenspiel zwei Asse zu ziehen, ist wegen $P(A) = \frac{4}{32} = \frac{1}{8}$ (4 Asse sind enthalten) und $P(B/A) = \frac{3}{31}$ (in den nur noch 31 Karten sind 3 Asse) $P(A \cap B) \approx 0{,}012$.
Verteilungen	Im folgenden bedeuten bei einem Zufallsversuch mit n Messungen, wobei k unterschiedliche Werte aufgetreten sind: $x_1, x_2, \ldots, x_k$ die verschiedenen aufgetretenen Werte, $a_1, a_2, \ldots, a_k$ die absoluten Häufigkeiten ihres Auftretens, $h_n(x_1), h_n(x_2), \ldots, h_n(x_k)$ die relativen Häufigkeiten, mit denen die x_i ($i = 1, 2, \ldots, k$) beobachtet wurden. Mittelwert $\bar{x}$ der Häufigkeitsverteilung: $\bar{x} = \frac{1}{n}(x_1 a_1 + x_2 a_2 + \ldots + x_k a_k)$ $= x_1 \cdot h_n(x_1) + x_2 \cdot h_n(x_2) + \ldots + x_k \cdot h_n(x_k) = \sum_{i=1}^{k} x_i \cdot h_n(x_i)$

Mathematische Formeln → 33

Wahrscheinlichkeit

	Modalwert m: Der Wert in einer Menge von Beobachtungsergebnissen, der am häufigsten auftritt. Zentralwert z: Der Wert, der nach erfolgter Ordnung der Beobachtungsergebnisse nach ihrer Größe gerade in der Mitte liegt. (Bei geradzahliger Anzahl das arithmetische Mittel der in der Mitte liegenden beiden Werte ermitteln.) Mittlere quadratische Abweichung (Varianz) σ^2: $\sigma^2 = \frac{1}{n}[a_1(x_1-\bar{x})^2 + a_2(x_2-\bar{x})^2 + \ldots + a_k(x_k-\bar{x})^2]$ $= h_n(x_1) \cdot (x_1-\bar{x})^2 + h_n(x_2) \cdot (x_2-\bar{x})^2 + \ldots + h_n(x_k) \cdot (x_k-\bar{x})^2$ $= \sum_{i=1}^{k} h_n(x_i) \cdot (x_i-\bar{x})^2$ $\sigma = \sqrt{\sum_{i=1}^{k} h_n(x_i) \cdot (x_i-\bar{x})^2}$ (Standardabweichung – Maß für die Streuung)
Wahrscheinlichkeitsverteilung einer Zufallsgröße X	Werden mit x_i ($i = 1, 2, 3, \ldots, k$) die Werte bezeichnet, die eine Zufallsgröße X annehmen kann, und mit $P(x_i)$ die zugeordneten Wahrscheinlichkeiten für das Eintreten der x_i, so gilt für den zu erwartenden Mittelwert von X in einer Zufallsversuchsreihe (für den Erwartungswert von X): $E(X) = \sum_{i=1}^{k} x_i \cdot P(X=x_i) = \mu$ Varianz von X: $V(X) = \sum_{i=1}^{k} (x_i - \mu)^2 \cdot P(X=x_i)$ Standardabweichung von X: $\sigma(X) = \sqrt{V(X)}$
Binomialverteilung	Ein Bernoulli-Versuch ist ein Zufallsversuch, bei dem man sich nur dafür interessiert, ob das bestimmte Ereignis eintritt oder nicht. Bernoulli-Kette: Serie unabhängiger Bernoulli-Versuche. Es sei p die Wahrscheinlichkeit für das Eintreten der Treffer bei einem Zufallsversuch. Der Versuch werde n-mal wiederholt; dabei trete k-mal ein Treffer auf. Die Wahrscheinlichkei dafür ist: $P(X=k) = \binom{n}{k} p^k \cdot (1-p)^{n-k}$. Die Verteilung X heißt in diesem Fall binomialverteilt, und es gelten: $E(X) = n \cdot p$ $V(X) = n \cdot p \cdot (1-p)$ $\sigma(X) = \sqrt{n \cdot p \cdot (1-p)}$ (↗ Tabellen zur Binomialverteilung auf der Seite 34) Für kleine p und k gilt bei großen n die Näherungsformel von Poisson: $\binom{n}{k} \cdot p^k (1-p)^{n-k} \approx \frac{(n \cdot p)^k}{k!} e^{-n \cdot p}$ $e \approx 2{,}7183$
Hypergeometrische Verteilung	$P(X=k) = \dfrac{\binom{M}{k}\binom{N-M}{n-k}}{\binom{N}{n}}$ ($k \leqq n \leqq N$; $k \leqq M \leqq N$) Die Problemstellung kann durch eine Stichprobe mit dem Umfang n aus einer Gesamtheit von N Elementen charakterisiert werden, in der M Elemente mit abweichender Gestalt enthalten sind; es interessiert die Frage, mit welcher Wahrscheinlichkeit k Elemente der Art M in der Stichprobe n enthalten sind.

Mathematische Formeln

Wertetafel zur Binomialverteilung

$P(X = k) = \binom{n}{k} p^k \cdot (1-p)^{n-k}$

n	k	p	0,02	0,03	0,04	0,05	0,10	0,1$\bar{6}$	0,20	0,30	0,$\bar{3}$	0,40	0,50	k	n
2	0		0,9604	9409	9216	9025	8100	6944	6400	4900	4444	3600	2500	2	
	1		0392	0582	0768	0950	1800	2778	3200	4200	4444	4800	5000	1	2
	2		0004	0009	0016	0025	0100	0278	0400	0900	1111	1600	2500	0	
3	0		0,9412	9127	8847	8574	7290	5787	5120	3430	2963	2160	1250	3	
	1		0576	0847	1106	1354	2430	3472	3840	4410	4444	4320	3750	2	3
	2		0012	0026	0046	0071	0270	0694	0960	1890	2222	2880	3750	1	
	3				0001	0001	0010	0046	0080	0270	0370	0640	1250	0	
4	0		0,9224	8853	8493	8145	6561	4823	4096	2401	1975	1296	0625	4	
	1		0753	1095	1416	1715	2916	3858	4096	4116	3951	3456	2500	3	
	2		0023	0051	0088	0135	0486	1157	1536	2646	2963	3456	3750	2	4
	3			0001	0002	0005	0036	0154	0256	0756	0988	1536	2500	1	
	4						0001	0008	0016	0081	0123	0256	0625	0	
5	0		0,9039	8587	8154	7738	5905	4019	3277	1681	1317	0778	0313	5	
	1		0922	1328	1699	2036	3281	4019	4096	3602	3292	2592	1563	4	
	2		0038	0082	0142	0214	0729	1608	2048	3087	3292	3456	3125	3	
	3		0001	0003	0006	0011	0081	0322	0512	1323	1646	2304	3125	2	5
	4						0005	0032	0064	0284	0412	0768	1563	1	
	5							0001	0003	0024	0041	0102	0313	0	
6	0		0,8858	8330	7828	7351	5314	3349	2621	1176	0878	0467	0156	6	
	1		1085	1546	1957	2321	3543	4019	3932	3025	2634	1866	0938	5	
	2		0055	0120	0204	0305	0984	2009	2458	3241	3292	3110	2344	4	
	3		0002	0005	0011	0021	0146	0536	0819	1852	2195	2765	3125	3	6
	4					0001	0012	0080	0154	0595	0823	1382	2344	2	
	5						0001	0006	0015	0102	0165	0369	0938	1	
	6								0001	0007	0014	0041	0156	0	
7	0		0,8681	8080	7514	6983	4783	2791	2097	0824	0585	0280	0078	7	
	1		1240	1749	2192	2573	3720	3907	3670	2471	2048	1306	0547	6	
	2		0076	0162	0274	0406	1240	2344	2753	3177	3073	2613	1641	5	
	3		0003	0008	0019	0036	0230	0781	1147	2269	2561	2903	2734	4	7
	4				0001	0002	0026	0156	0287	0972	1280	1935	2734	3	
	5						0002	0019	0043	0250	0384	0774	1641	2	
	6							0001	0004	0036	0064	0172	0547	1	
	7									0002	0005	0016	0078	0	
8	0		0,8508	7837	7214	6634	4305	2326	1678	0576	0390	0168	0039	8	
	1		1389	1939	2405	2793	3826	3721	3355	1977	1561	0896	0313	7	
	2		0099	0210	0351	0515	1488	2605	2936	2965	2731	2090	1094	6	
	3		0004	0013	0029	0054	0331	1042	1468	2541	2731	2787	2188	5	
	4			0001	0002	0004	0046	0260	0459	1361	1707	2322	2734	4	8
	5						0004	0042	0092	0467	0683	1239	2188	3	
	6							0004	0011	0100	0171	0413	1094	2	
	7								0001	0012	0024	0079	0313	1	
	8									0001	0002	0007	0039	0	
9	0		0,8337	7602	6925	6302	3874	1938	1342	0404	0260	0101	0020	9	
	1		1531	2116	2597	2985	3874	3489	3020	1556	1171	0605	0176	8	
	2		0125	0262	0433	0629	1722	2791	3020	2668	2341	1612	0703	7	
	3		0006	0019	0042	0077	0446	1302	1762	2668	2731	2508	1641	6	
	4			0001	0003	0006	0074	0391	0661	1715	2048	2508	2461	5	9
	5						0008	0078	0165	0735	1024	1672	2461	4	
	6						0001	0010	0028	0210	0341	0743	1641	3	
	7							0001	0003	0039	0073	0212	0703	2	
	8									0004	0009	0035	0176	1	
	9										0001	0003	0020	0	
10	0		0,8171	7374	6648	5987	3487	1615	1074	0282	0173	0060	0010	10	
	1		1667	2281	2770	3151	3874	3230	2684	1211	0867	0403	0098	9	
	2		0153	0317	0519	0746	1937	2907	3020	2335	1951	1209	0439	8	
	3		0008	0026	0058	0105	0574	1550	2013	2668	2601	2150	1172	7	
	4			0001	0004	0010	0112	0543	0881	2001	2276	2508	2051	6	
	5					0001	0015	0130	0264	1029	1366	2007	2461	5	10
	6						0001	0022	0055	0368	0569	1115	2051	4	
	7							0002	0008	0090	0163	0425	1172	3	
	8								0001	0014	0030	0106	0439	2	
	9									0001	0003	0016	0098	1	
	10											0001	0010	0	
n	k	p	0,98	0,97	0,96	0,95	0,90	0,8$\bar{3}$	0,80	0,70	0,$\bar{6}$	0,60	0,50	k	n

Mathematische Formeln → 35

Summierte Binomialverteilung

$$P(X \leq k) = \sum_{i=0}^{k} \binom{n}{i} p^i \cdot (1-p)^{n-i}$$

n	k	p	0,02	0,03	0,04	0,05	0,10	0,1$\bar{6}$	0,20	0,30	0,$\bar{3}$	0,40	0,50	k	n
2	0		0,9604	9409	9216	9025	8100	6944	6400	4900	4444	3600	2500	1	2
	1		9996	9991	9984	9975	9900	9722	9600	9100	8889	8400	7500	0	
3	0		0,9412	9127	8847	8574	7290	5787	5120	3430	2963	2160	1250	2	3
	1		9988	9974	9953	9928	9720	9259	8960	7840	7407	6480	5000	1	
	2				9999	9999	9990	9954	9920	9730	9630	9360	8750	0	
4	0		0,9224	8853	8493	8145	6561	4823	4096	2401	1975	1296	0625	3	4
	1		9977	9948	9909	9860	9477	8681	8192	6517	5926	4752	3125	2	
	2			9999	9998	9995	9963	9838	9728	9163	8889	8208	6875	1	
	3						9999	9992	9984	9919	9877	9744	9375	0	
5	0		0,9039	8587	8154	7738	5905	4019	3277	1681	1317	0778	0313	4	5
	1		9962	9915	9852	9774	9185	8038	7373	5282	4609	3370	1875	3	
	2		9999	9997	9994	9988	9914	9645	9421	8369	7901	6826	5000	2	
	3						9995	9967	9933	9692	9547	9130	8125	1	
	4						9999	9997	9997	9976	9959	9898	9688	0	
6	0		0,8858	8330	7828	7351	5314	3349	2621	1176	0878	0467	0156	5	6
	1		9943	9875	9784	9672	8857	7368	6554	4202	3512	2333	1094	4	
	2		9998	9995	9988	9978	9842	9377	9011	7443	6804	5443	3438	3	
	3					9999	9987	9913	9830	9295	8999	8208	6563	2	
	4						9999	9993	9984	9891	9822	9590	8906	1	
	5							9999	9999	9993	9986	9959	9844	0	
7	0		0,8681	8080	7514	6983	4783	2791	2097	0824	0585	0280	0078	6	7
	1		9921	9829	9706	9556	8503	6698	5767	3294	2634	1586	0625	5	
	2		9997	9991	9980	9962	9743	9042	8520	6471	5706	4199	2266	4	
	3				9999	9998	9973	9824	9667	8740	8267	7102	5000	3	
	4						9998	9980	9953	9712	9547	9037	7734	2	
	5							9999	9996	9962	9931	9812	9375	1	
	6									9998	9995	9984	9922	0	
8	0		0,8508	7837	7214	6634	4305	2326	1678	0576	0390	0168	0039	7	8
	1		9897	9777	9619	9428	8131	6047	5033	2553	1951	1064	0352	6	
	2		9996	9987	9969	9942	9619	8652	7969	5518	4682	3154	1445	5	
	3			9999	9998	9996	9950	9693	9437	8059	7414	5941	3633	4	
	4						9996	9954	9896	9420	9121	8263	6367	3	
	5							9996	9988	9887	9803	9502	8555	2	
	6								9999	9987	9974	9915	9648	1	
	7									9999	9998	9993	9961	0	
9	0		0,8337	7602	6925	6302	3874	1938	1342	0404	0260	0101	0020	8	9
	1		9869	9718	9522	9288	7748	5427	4362	1960	1431	0705	0195	7	
	2		9994	9980	9955	9916	9470	8217	7382	4628	3772	2318	0898	6	
	3			9999	9997	9994	9917	9520	9144	7297	6503	4826	2539	5	
	4						9991	9911	9804	9012	8552	7334	5000	4	
	5						9999	9989	9969	9747	9576	9006	7461	3	
	6							9999	9997	9957	9917	9750	9102	2	
	7									9996	9990	9962	9805	1	
	8										9999	9997	9980	0	
10	0		0,8171	7374	6648	5987	3487	1615	1074	0282	0173	0060	0010	9	10
	1		9838	9655	9418	9139	7361	4845	3758	1493	1040	0464	0107	8	
	2		9991	9972	9938	9885	9298	7752	6778	3828	2991	1673	0547	7	
	3			9999	9996	9990	9872	9303	8791	6496	5593	3823	1719	6	
	4					9999	9984	9845	9672	8497	7869	6331	3770	5	
	5						9999	9976	9936	9527	9234	8338	6230	4	
	6							9997	9991	9894	9803	9452	8281	3	
	7								9999	9984	9966	9877	9453	2	
	8									9999	9996	9983	9893	1	
	9											9999	9990	0	
n	k	p	0,98	0,97	0,96	0,95	0,90	0,8$\bar{3}$	0,80	0,70	0,$\bar{6}$	0,60	0,50	k	n

Beachten! Wenn Werte über den zweiten, gelb unterlegten Eingang der Tabelle abgelesen werden sollen, d. h. $p \geq 0{,}5$, muß die Differenz 1 − (abgelesener Wert) ermittelt werden.
Beispiel: $n = 8$; $k = 3$, $p = 0{,}6$; $P(X \leq 3) = 1{,}0000 - 0{,}8263 = 0{,}1737$

Mathematische Formeln

Binomialverteilung

Gauß-Funktion (Glockenkurve)	Für Binomialverteilungen mit großen Werten *n* bietet die Gauß-Funktion eine gute Näherung: $$f(x) = \frac{1}{\sqrt{2\pi}}\, e^{-0{,}5x^2} \qquad (x \in \mathbb{R}\,;\, e \approx 2{,}7183)$$ Zur Berechnung von Intervallwahrscheinlichkeiten wird das jeweilige Integral über der Gauß-Funktion in den Grenzen des betrachteten Intervalls gebildet.

Wertetafel der Gaußschen Summenfunktion

$$\Phi(x) = \frac{1}{\sqrt{2\pi}} \int_{-\infty}^{x} e^{-0{,}5t^2}\, dt$$

x	0	1	2	3	4	5	6	7	8	9
0,0	0,5000	5040	5080	5120	5160	5199	5239	5279	5319	5359
0,1	0,5398	5438	5478	5517	5557	5596	5636	5675	5714	5753
0,2	5793	5832	5871	5910	5948	5987	6026	6064	6103	6141
0,3	6179	6217	6255	6293	6331	6368	6406	6443	6480	6517
0,4	0,6554	6591	6628	6664	6700	6736	6772	6808	6844	6879
0,5	6915	6950	6985	7019	7054	7088	7123	7157	7190	7224
0,6	7257	7291	7324	7357	7389	7422	7454	7486	7517	7549
0,7	0,7580	7611	7642	7673	7703	7734	7764	7794	7823	7852
0,8	7881	7910	7939	7967	7995	8023	8051	8078	8106	8133
0,9	8159	8186	8212	8238	8264	8289	8315	8340	8365	8389
1,0	0,8413	8438	8461	8485	8508	8531	8554	8577	8599	8621
1,1	0,8643	8665	8686	8708	8729	8749	8770	8790	8810	8830
1,2	8849	8869	8888	8907	8925	8944	8962	8980	8997	9015
1,3	9032	9049	9066	9082	9099	9115	9131	9147	9162	9177
1,4	0,9192	9207	9222	9236	9251	9265	9279	9292	9306	9319
1,5	9332	9345	9357	9370	9382	9394	9406	9418	9429	9441
1,6	9452	9463	9474	9484	9495	9505	9515	9525	9535	9545
1,7	0,9554	9564	9573	9582	9591	9599	9608	9616	9625	9633
1,8	9641	9649	9656	9664	9671	9678	9686	9693	9699	9706
1,9	9713	9719	9726	9732	9738	9744	9750	9756	9761	9767
2,0	0,9772	9778	9783	9788	9793	9798	9803	9808	9812	9817
2,1	0,9821	9826	9830	9834	9838	9842	9846	9850	9854	9857
2,2	9861	9864	9868	9871	9875	9878	9881	9884	9887	9890
2,3	9893	9896	9898	9901	9904	9906	9909	9911	9913	9916
2,4	0,9918	9920	9922	9925	9927	9929	9931	9932	9934	9936
2,5	9938	9940	9941	9943	9945	9946	9948	9949	9951	9952
2,6	9953	9955	9956	9957	9959	9960	9961	9962	9963	9964
2,7	0,9965	9966	9967	9968	9969	9970	9971	9972	9973	9974
2,8	9974	9975	9976	9977	9977	9978	9979	9979	9980	9981
2,9	9981	9982	9982	9983	9984	9984	9985	9985	9986	9986
3,0	0,9987	9987	9987	9988	9988	9989	9989	9989	9990	9990
3,1	0,9990	9991	9991	9991	9992	9992	9992	9992	9993	9993
3,2	9993	9993	9994	9994	9994	9994	9994	9995	9995	9995
3,3	9995	9995	9996	9996	9996	9996	9996	9996	9996	9997
3,4	9997	9997	9997	9997	9997	9997	9997	9997	9997	9998

Beachten! $\Phi(-x) = 1 - \Phi(x)$ Beispiel: $\Phi(0{,}45) = 0{,}6736$ $\Phi(-0{,}45) = 1 - 0{,}6736 = 0{,}3264$

Mathematische Formeln

Folgen/Reihen/Grenzwerte

Arithmetische Folge	$(a_k) = a_1, a_1 + d, a_1 + 2d, a_1 + 3d, \ldots, a_1 + (k-1)d, \ldots$ $a_k = a_1 + (k-1)d; \quad a_{k+1} = a_k + d \quad (k = 1, 2, 3, \ldots)$ $s_n = \sum_{k=1}^{n} a_k = \frac{n}{2}(a_1 + a_n) = n \cdot a_1 + \frac{(n-1) \cdot n}{2} d$
Geometrische Folge	$(a_k) = a_1; a_1 q; a_1 q^2; a_1 q^3; \ldots; a_1 q^{k-1}; \ldots \quad (a_1 \neq 0; q \neq 0)$ $a_k = a_1 \cdot q^{k-1} \; (k = 1, 2, 3, \ldots); \quad a_{k+1} = a_k \cdot q$ $s_n = \sum_{k=1}^{n} a_k = a_1 \frac{q^n - 1}{q - 1} = \frac{a_n q - a_1}{q - 1}$ (falls $q \neq 1$) $s_n = a_1 n$ (falls $q = 1$)
Unendliche geom. Reihe	$s = \sum_{n=1}^{\infty} a_1 q^{n-1} = a_1 + a_1 q + \ldots + a_1 q^{n-1} + \ldots = \frac{a_1}{1-q} \quad (a_1 \neq 0; q \neq 0; |q| < 1)$
Spezielle Partialsummen	Summen der ersten n Glieder der Folge der • natürliche Zahlen $\quad 1 + 2 + 3 + \ldots + n = \sum_{k=1}^{n} k = \frac{n}{2}(n+1)$ • geraden Zahlen $\quad 2 + 4 + 6 + \ldots + 2n = \sum_{k=1}^{n} 2k = n(n+1)$ • ungeraden Zahlen $\quad 1 + 3 + 5 + \ldots + (2n-1) = \sum_{k=1}^{n} (2k-1) = n^2$ • Quadratzahlen $\quad 1^2 + 2^2 + 3^2 + \ldots + n^2 = \sum_{k=1}^{n} k^2 = \frac{n(n+1)(2n+1)}{6}$ • Kubikzahlen $\quad 1^3 + 2^3 + 3^3 + \ldots + n^3 = \sum_{k=1}^{n} k^3 = \left[\frac{n(n+1)}{2}\right]^2$

Grenzwertsätze für unendliche konvergente Folgen

Falls die Grenzwerte $\lim_{n \to \infty} a_n = a$ und $\lim_{n \to \infty} b_n = b$ existieren, gilt:

- $\lim_{n \to \infty} (a_n \pm b_n) = \lim_{n \to \infty} a_n \pm \lim_{n \to \infty} b_n = a \pm b$,
- $\lim_{n \to \infty} (a_n \cdot b_n) = \lim_{n \to \infty} a_n \cdot \lim_{n \to \infty} b_n = a \cdot b$,
- $\lim_{n \to \infty} \frac{a_n}{b_n} = \frac{\lim_{n \to \infty} a_n}{\lim_{n \to \infty} b_n} = \frac{a}{b}$, falls $b_n \neq 0$ für alle n und $\lim_{n \to \infty} b_n \neq 0$.

Einige wichtige Grenzwerte

Nullfolgen: $\lim_{n \to \infty} \frac{1}{n} = 0$

$\lim_{n \to \infty} a^n = 0$ für $|a| < 1$ $\quad \lim_{x \to \infty} \frac{\sin x}{x} = 0$

$\lim_{n \to \infty} a^n = 1$ für $a = 1$ $\quad \lim_{x \to 0} \frac{\sin x}{x} = 1$

$\lim_{n \to \infty} \sqrt[n]{a} = 1$ für $a > 0$

$\lim_{n \to \infty} \left(1 + \frac{1}{n}\right)^n = e \approx 2{,}7182818284\ldots$

Grenzwert einer Funktion; Stetigkeit

Eine Zahl g heißt Grenzwert der Funktion f für $x \to x_0$, wenn es zu jeder vorgegebenen positiven Zahl ε eine Zahl $\delta > 0$ gibt, so daß
$|f(x) - g| < \varepsilon$ für alle x mit $|x - x_0| < \delta$ und $x \neq 0$.
Die Funktion f ist an der Stelle x_0 stetig $\underset{\text{Def}}{=}$:
(1) f an der Stelle x_0 definiert ist,
(2) $\lim_{x \to x_0} f(x)$ existiert und
(3) $\lim_{x \to x_0} f(x) = f(x_0)$

Mathematische Formeln

Grenzwertsätze für Funktionen

$$\lim_{x \to x_0} [u(x) \pm v(x)] = \lim_{x \to x_0} u(x) \pm \lim_{x \to x_0} v(x)$$

$$\lim_{x \to x_0} [u(x) \cdot v(x)] = \lim_{x \to x_0} u(x) \cdot \lim_{x \to x_0} v(x)$$

$$\lim_{x \to x_0} \frac{u(x)}{v(x)} = \frac{\lim_{x \to x_0} u(x)}{\lim_{x \to x_0} v(x)} \qquad \text{falls } \lim_{x \to x_0} v(x) \neq 0$$

Differentialrechnung

Differenzenquotient: Sei f eine Funktion, die in einer Umgebung U von x_0 definiert ist. Dann nennt man
$$\frac{\Delta y}{\Delta x} = \frac{f(x_0 + \Delta x) - f(x_0)}{\Delta x} \quad \text{mit } \Delta x \neq 0$$
den Differenzenquotient der Funktion f an der Stelle $x = x_0$.

Differentialquotient: Der Differentialquotient dieser Funktion f an der Stelle $x = x_0$ ist der Grenzwert
$$\lim_{\Delta x \to 0} \frac{f(x_0 + \Delta x) - f(x_0)}{\Delta x} = \left.\frac{dy}{dx}\right|_{x = x_0}$$

Differentiationsregeln: Falls die Funktionen u und v differenzierbar sind, so gilt für

- eine konstante Funktion $y = c$ (c eine Konstante) $\quad y' = 0$
- einen konstanten Faktor $y = c \cdot v \quad y' = c \cdot v'$
- eine Summe/Differenz $y = u \pm v \quad y' = u' \pm v'$
- ein Produkt $y = uv \quad y' = u'v + uv'$
- einen Quotienten $y = \dfrac{u}{v}$ ($v \neq 0$) $\quad y' = \dfrac{u'v - uv'}{v^2}$

Differentiation einer Umkehrfunktion $\bar{f}$
Ist f eine eineindeutige Funktion, die in einer Umgebung der Stelle x_0 differenzierbar ist, und gilt $f'(x_0) \neq 0$, so ist die zu f inverse Funktion $\bar{f}$ an der Stelle x_0 differenzierbar:
$$\bar{f}'(y_0) = \frac{1}{f'(x_0)}.$$

Kettenregel
Sind u und v differenzierbare Funktionen, dann ist die Funktion $f(x) = u(v(x))$ differenzierbar:
$$f'(x) = u'(v(x)) \cdot v'(x) \qquad \text{oder mit } y = u(z) \text{ und } z = v(x): \quad \frac{dy}{dx} = \frac{dy}{dz} \cdot \frac{dz}{dx}.$$

Ableitung spezieller Funktionen

$y = x^n$ ($n \in \mathbb{R}; x > 0$ oder $n \in \mathbb{N}; x \in \mathbb{R}$)	$y' = n \cdot x^{n-1}$ $y'' = n \cdot (n-1) \cdot x^{n-2}$ $y^{(k)} = \begin{cases} \dfrac{n!}{(n-k)!} x^{n-k} & (k \leq n) \\ 0 & (k > n) \end{cases}$	$y = e^x$	$y' = e^x;\ y'' = e^x;\ y^{(k)} = e^x$
		$y = a^x$ ($a > 0$)	$y' = a^x \cdot \ln a = \dfrac{a^x}{\log_a e}$ $y'' = a^x \cdot \ln a \cdot \ln a$
$y = \sin x$	$y' = \cos x;\quad y'' = -\sin x$	$y = \ln x$ ($x > 0$)	$y' = \dfrac{1}{x};\quad y'' = -\dfrac{1}{x^2}$
$y = \cos x$	$y' = -\sin x;\quad y'' = -\cos x$		
$y = \tan x$ $\left(x \neq \dfrac{\pi}{2} + k\pi\right)$	$y' = \dfrac{1}{\cos^2 x} = 1 + \tan^2 x$	$y = \log_a x$ ($a > 0;\ a \neq 1;\ x > 0$)	$y' = \dfrac{1}{x \cdot \ln a}$
$y = \arcsin x$ $y = \arctan x$	$y' = \dfrac{1}{\sqrt{1-x^2}} \quad y' = \dfrac{1}{1+x^2}$	$y = \arccos x$	$y' = -\dfrac{1}{\sqrt{1-x^2}}$

Mathematische Formeln

Differentialrechnung

Differenzierbarkeit	Die Funktion $f(x)$ ist an der Stelle $x = x_0$ differenzierbar, wenn (1) $f(x)$ in einer Umgebung von x_0 definiert ist, und (2) der Grenzwert $\lim\limits_{h \to 0} \dfrac{f(x_0 + h) - f(x_0)}{h}$ existiert.

Schrittfolge einer Kurvenuntersuchung

(1) Schnittpunkte des Graphen mit der *x*-Achse (Nullstellen) ermitteln

Ganze rationale Funktionen $y = f(x)$	Gebrochene rationale Funktionen $y = \dfrac{u(x)}{v(x)}$
$f(x) = 0$ setzen und Gleichung lösen. Handelt es sich um Gleichungen 3. oder höheren Grades, die erste Nullstelle x_{01} durch Probieren oder mit Hilfe von Näherungsverfahren ermitteln und die Gleichung schrittweise reduzieren. $f(x) : (x - x_{01}) = f_1(x)$	$u(x) = 0$ setzen, die Lösungen $x_{01}, x_{02}, \ldots$ der Gleichung ermitteln und prüfen, ob dann für jede Lösung der Gleichung $v(x_0) \neq 0$ ist.

(2) Schnittpunkt mit der *y*-Achse
   $x = 0$ setzen und $f(0)$ berechnen.

(3) Pole (von gebrochenen Funktionen) ermitteln.
   $f(x) = \dfrac{u(x)}{v(x)}$ daraufhin untersuchen,
   ob es x_i gibt, für die $v(x_i) = 0$ und $u(x_i) \neq 0$.

(4) Lokale Extrema ermitteln.
   Für den Fall, daß $f(x)$ mindestens zweimal differenzierbar ist, gilt:
   $f(x)$ hat an der Stelle $x = x_E$ ein lokales Maximum, wenn $f'(x_E) = 0$ und $f''(x_E) < 0$,
   $f(x)$ hat an der Stelle $x = x_E$ ein lokales Minimum, wenn $f'(x) = 0$ und $f''(x_E) > 0$.
   (Ist $f''(x_E) = 0$, kann vielfach durch weitere Ableitungen festgestellt werden, ob ein lokales Extremum oder ein Terassenpunkt vorliegt. Das Ergebnis $f'''(x_E) \neq 0$ weist auf einen Terassenpunkt hin. Mitunter muß das Monotonieverhalten der Funktion zur Entscheidungsfindung hinzugezogen werden.)

(5) Wendepunkte; Wendetangenten ermitteln.
   Für den Fall, daß $f(x)$ mindestens dreimal differenzierbar ist, setzt man $f''(x_W) = 0$, löst diese Gleichung und erhält mit $x_{W1}, x_{W2}, \ldots$ die Abzissen der eventuellen Wendepunkte und mit $f(x_{W1})$, $f(x_{W2}), \ldots$ die zugehörigen Ordinaten der Wendepunkte. Gewißheit erhält man erst, wenn jeweils $f'''(x_W) \neq 0$ gilt.
   Die Gleichung der zugehörigen Wendetangente lautet:
   $y - y_W = f'(x_W) \cdot (x - x_W)$.

(6) Verhalten im Unendlichen: $\lim\limits_{x \to +\infty} f(x)$ und $\lim\limits_{x \to -\infty} f(x)$ berechnen.

| Mittelwertsatz der Differentialrechnung | Wenn eine Funktion $f(x)$ in $\langle a, b \rangle$ stetig und in (a, b) differenzierbar ist, so gibt es eine Zahl ξ mit $a < \xi < b$ und $\dfrac{f(b) - f(a)}{b - a} = f'(\xi)$. | 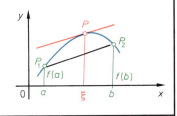 |

Mathematische Formeln

Näherungsverfahren zur Berechnung von Nullstellen

NEWTONsches Näherungsverfahren
Falls x_n eine erste Näherung für x_0 ist, so gilt:

$$x_{n+1} = x_n - \frac{f(x_n)}{f'(x_n)} \qquad f'(x_n) \neq 0$$

Regula falsi
Falls x_1 und x_2 Näherungswerte für x_0 sind, wobei $y_1 = f(x_1) < 0$ und $y_2 = f(x_2) > 0$, so erhält man mit

$$\xi = x_1 - \frac{f(x_1)(x_2 - x_1)}{f(x_2) - f(x_1)}$$

eine bessere Näherung.

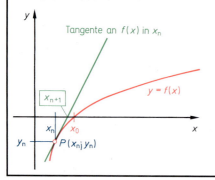
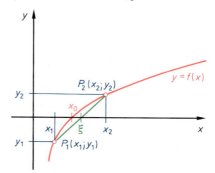

Integralrechnung

Integrationsregeln

Konstanter Faktor	$\int k \cdot f(x)\, dx = k \int f(x)\, dx$
Summe, Differenz	$\int [f(x) \pm g(x)]\, dx = \int f(x)\, dx \pm \int g(x)\, dx$
Substitutionsregel	$\int f[\varphi(t)] \cdot \varphi'(t)\, dt = \int f(x)\, dx$ mit $x = \varphi(t)$ bzw. $t = \varphi(x)$
Partielle Integration	$\int uv'\, dx = uv - \int vu'\, dx$

Grundintegrale und weitere spezielle Integrale

$\int x^n\, dx = \frac{1}{n+1} x^{n+1} + c$ mit $n \neq -1$ und $\begin{cases} -\infty < x < +\infty, \text{ falls } n \geq 0 \\ -\infty < x < 0 \text{ und } 0 < x + \infty, \text{ falls } n < 0 \end{cases}$

$\int dx = x + c$

$\int \frac{dx}{x} = \ln|x| + c$

$\int a^x\, dx = \frac{1}{\ln a} a^x + c = a^x \cdot \log_a e + c \quad (a \neq 1)$

$\int e^x\, dx = e^x + c$

$\int \sin x\, dx = -\cos x + c$

$\int \cos x\, dx = \sin x + c$

$\int \frac{dx}{\cos^2 x} = \tan x + c$

$\int \sqrt{x}\, dx = \int x^{\frac{1}{2}}\, dx = \frac{2}{3} \sqrt{x^3} + c$

$\int \frac{1}{\sqrt{x}}\, dx = \int x^{-\frac{1}{2}}\, dx = 2\sqrt{x} + c$

$\int (ax + b)^n\, dx = \frac{1}{a(n+1)} (ax + b)^{n+1} + c \quad (n \neq -1)$

$\int \frac{dx}{ax + b} = \frac{1}{a} \ln(ax + b) + c$

Mathematische Formeln → 41

Integralrechnung

Bestimmtes Integral

Hauptsatz	Hauptsatz der Differential- und Integralrechnung: Ist $f(x)$ eine im Intervall $\langle a, b \rangle$ stetige Funktion und $F(x)$ irgendeine Stammfunktion von $f(x)$, so ist $$\int_a^b f(x)\,dx = F(b) - F(a).$$
Eigenschaften	(1) $\int_a^a f(x)\,dx \underset{Df}{=} 0$ (falls f in a definiert ist) (2) $\int_b^a f(x)\,dx \underset{Df}{=} -\int_a^b f(x)\,dx$ (3) $\int_a^b f(x)\,dx = \int_a^c f(x)\,dx + \int_c^b f(x)\,dx$ (falls f in $\langle a, b \rangle$ stetig und $a \leq c \leq b$)
Mittelwertsatz	Mittelwertsatz der Integralrechnung Ist $f(x)$ im Intervall $\langle a, b \rangle$ stetig, so gibt es wenigstens eine Zahl ξ mit $a \leq \xi \leq b$, für die gilt: $$\int_a^b f(x)\,dx = f(\xi)(b - a).$$

Flächeninhaltsberechnung durch Integration

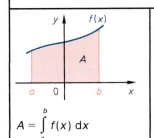

$$A = \int_a^b f(x)\,dx$$

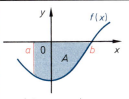

$$A = \left| \int_a^b f(x)\,dx \right|$$

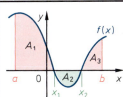

$$A = A_1 + A_2 + A_3$$

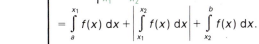

$$= \int_a^{x_1} f(x)\,dx + \left| \int_{x_1}^{x_2} f(x)\,dx \right| + \int_{x_2}^b f(x)\,dx.$$

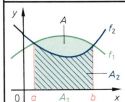

$$A = A_1 - A_2$$
$$A = \int_a^b [f_1(x) - f_2(x)]\,dx$$

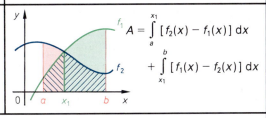

$$A = \int_a^{x_1} [f_2(x) - f_1(x)]\,dx + \int_{x_1}^b [f_1(x) - f_2(x)]\,dx$$

Volumenberechnung durch Integration (Rotationskörper)

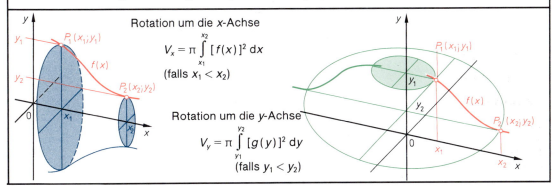

Rotation um die x-Achse
$$V_x = \pi \int_{x_1}^{x_2} [f(x)]^2\,dx$$
(falls $x_1 < x_2$)

Rotation um die y-Achse
$$V_y = \pi \int_{y_1}^{y_2} [g(y)]^2\,dy$$
(falls $y_1 < y_2$)

Mathematische Formeln

Vektorrechnung und analytische Geometrie

Darstellung von Vektoren im Koordinatensystem	in einer Ebene	im Raum
	$\{O; \vec{i}, \vec{j}\};\quad |\vec{i}| = |\vec{j}| = 1$ Ortsvektor $\vec{p}$ eines Punktes $P(x_p; y_p)$ • in Komponentendarstellung: $\overrightarrow{OP} = \vec{p} = x_p\vec{i} + y_p\vec{j}$, • in Koordinatendarstellung: $\vec{p} = \begin{pmatrix} x_p \\ y_p \end{pmatrix}$ 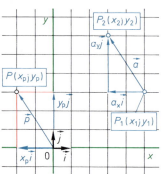 Angabe eines Vektors $\vec{a} = \overrightarrow{P_1P_2}$ mit $P_1(x_1; y_1)$ und $P_2(x_2; y_2)$ • in Komponentendarstellung: $\overrightarrow{P_1P_2} = (x_2 - x_1)\vec{i} + (y_2 - y_1)\vec{j}$ oder auch $\overrightarrow{P_1P_2} = \vec{a} = a_x\vec{i} + a_y\vec{j}$, • in Koordinatendarstellung: $\overrightarrow{P_1P_2} = \begin{pmatrix} x_2 - x_1 \\ y_2 - y_1 \end{pmatrix}$ oder auch $\overrightarrow{P_1P_2} = \vec{a} = \begin{pmatrix} a_x \\ a_y \end{pmatrix}$	$\{O; \vec{i}, \vec{j}, \vec{k}\};\quad |\vec{i}| = |\vec{j}| = |\vec{k}| = 1$ Ortsvektor $\vec{p}$ eines Punktes $P(x_p; y_p; z_p)$ • in Komponentendarstellung: $\overrightarrow{OP} = \vec{p} = x_p\vec{i} + y_p\vec{j} + z_p\vec{k}$, • in Koordinatendarstellung: $\vec{p} = \begin{pmatrix} x_p \\ y_p \\ z_p \end{pmatrix}$ 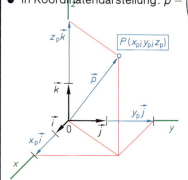 Angabe eines Vektors $\vec{a} = \overrightarrow{P_1P_2}$ mit $P_1(x_1; y_1; z_1);\quad P_2(x_2; y_2; z_2)$ • in Komponentendarstellung: $\overrightarrow{P_1P_2} = (x_2 - x_1)\vec{i} + (y_2 - y_1)\vec{j} + (z_2 - z_1)\vec{k}$ oder auch $\overrightarrow{P_1P_2} = \vec{a} = a_x\vec{i} + a_y\vec{j} + a_z\vec{k}$, • in Koordinatendarstellung: $\overrightarrow{P_1P_2} = \begin{pmatrix} x_2 - x_1 \\ y_2 - y_1 \\ z_2 - z_1 \end{pmatrix} = \begin{pmatrix} a_x \\ a_y \\ a_z \end{pmatrix}$
Länge eines Vektors; Abstand zwischen Punkten	Länge des Vektors $\vec{a} = a_x\vec{i} + a_y\vec{j}$: $|\vec{a}| = \sqrt{a_x^2 + a_y^2}$ (↗ Bild oben) oder, falls $P_1(x_1; y_1);\ P_2(x_2; y_2)$, $|\overrightarrow{P_1P_2}| = \overline{P_1P_2} = \sqrt{(x_2 - x_1)^2 + (y_2 - y_1)^2}$	Länge des Vektors $\vec{a} = a_x\vec{i} + a_y\vec{j} + a_z\vec{k}$: $|\vec{a}| = \sqrt{a_x^2 + a_y^2 + a_z^2}$ oder, falls $P_1(x_1; y_1; z_1);\ P_2(x_2; y_2; z_2)$, $|\overrightarrow{P_1P_2}| = \overline{P_1P_2}$ $= \sqrt{(x_2 - x_1)^2 + (y_2 - y_1)^2 + (z_2 - z_1)^2}$
Addition und Subtraktion von Vektoren		$\vec{a} \pm \vec{o} = \vec{a},\quad \vec{o} - \vec{a} = -\vec{a},\quad \vec{a} + (-\vec{a}) = \vec{o}$ $\vec{a} + \vec{b} = \vec{b} + \vec{a}$ (Kommutativität) $(\vec{a} + \vec{b}) + \vec{c} = \vec{a} + (\vec{b} + \vec{c})$ (Assoziativität) $-(\vec{a} + \vec{b}) = -\vec{a} - \vec{b}$

Anwendung der Koordinatenmethode:
Wenn $\vec{a} = x_1\vec{i} + y_1\vec{j} + z_1\vec{k}$ und $\vec{b} = x_2\vec{i} + y_2\vec{j} + z_2\vec{k}$,
gilt $\vec{a} \pm \vec{b} = (x_1 \pm x_2)\vec{i} + (y_1 \pm y_2)\vec{j} + (z_1 \pm z_2)\vec{k}$ oder auch
$\vec{a} \pm \vec{b} = \begin{pmatrix} x_1 \pm x_2 \\ y_1 \pm y_2 \\ z_1 \pm z_2 \end{pmatrix}$.

Mathematische Formeln → 43

Vektorrechnung und analytische Geometrie

Multiplikation eines Vektors mit einer reellen Zahl	$\vec{b} = r\vec{a}$ $\vec{b} \uparrow\uparrow r\vec{a}$, falls $r > 0$; $\vec{b} \uparrow\downarrow r\vec{a}$, falls $r < 0$ Es gilt: $1\vec{a} = \vec{a}$; $0\vec{a} = \vec{o}$; $r\vec{o} = \vec{o}$; $|r\vec{a}| = |r||\vec{a}|$ $r(s\vec{a}) = (rs)\vec{a}$; $(r+s)\vec{a} = r\vec{a} + s\vec{a}$; $r(\vec{a} + \vec{b}) = r\vec{a} + r\vec{b}$ Anwendung der Koordinatenmethode: Wenn $\vec{a} = x\vec{i} + y\vec{j} + z\vec{k}$ und $r \in \mathbb{R}$, gilt $r\vec{a} = (rx)\vec{i} + (ry)\vec{j} + (rz)\vec{k}$.
Skalarprodukt von Vektoren	$\vec{a} \cdot \vec{b} \underset{\text{Def}}{=} |\vec{a}||\vec{b}|\cos \sphericalangle (\vec{a}, \vec{b})$ [$\vec{a} \cdot \vec{b}$ ist eine reelle Zahl.] $\vec{i} \cdot \vec{j} = \vec{i} \cdot \vec{k} = \vec{j} \cdot \vec{k} = 0$ $\vec{i} \cdot \vec{i} = \vec{j} \cdot \vec{j} = \vec{k} \cdot \vec{k} = 1$ $\vec{a} \cdot \vec{b} > 0$ genau dann, wenn $\vec{a} \neq \vec{o}$; $\vec{b} \neq \vec{o}$ und $0 \leq \sphericalangle(\vec{a}, \vec{b}) < 0{,}5\pi$ $\vec{a} \cdot \vec{b} < 0$ genau dann, wenn $\vec{a} \neq \vec{o}$; $\vec{b} \neq \vec{o}$ und $0{,}5\pi < \sphericalangle(\vec{a}, \vec{b}) \leq \pi$ $\vec{a} \cdot \vec{b} = 0$ genau dann wenn $\vec{a} = \vec{o}$ **oder wenn** $\vec{b} = \vec{o}$ **oder wenn** $\vec{a} \neq \vec{o}$ und $\vec{b} \neq \vec{o}$ und $\sphericalangle(\vec{a}, \vec{b}) = 0{,}5\pi$ Wenn $\vec{a} = a_x\vec{i} + a_y\vec{j} + a_z\vec{k}$ und $\vec{b} = b_x\vec{i} + b_y\vec{j} + b_z\vec{k}$, so $\vec{a} \cdot \vec{b} = a_x b_x + a_y b_y + a_z b_z$. Es gilt: $\vec{a}^2 = \vec{a} \cdot \vec{a} = |\vec{a}|^2$; $|\vec{a}| = \sqrt{\vec{a} \cdot \vec{a}}$; $\vec{a} \cdot \vec{b} = \vec{b} \cdot \vec{a}$ (Kommutativität) $(\vec{a} + \vec{b}) \cdot \vec{c} = \vec{a} \cdot \vec{c} + \vec{b} \cdot \vec{c}$ (Distributivität); $r(\vec{a} \cdot \vec{b}) = (r\vec{a}) \cdot \vec{b} = \vec{a} \cdot (r\vec{b})$
Vektorprodukt	$\vec{a} \times \vec{b} = 0$, falls $\vec{a} \uparrow\uparrow \vec{b}$ oder $\vec{a} \uparrow\downarrow \vec{b}$ $\vec{a} \times \vec{b} = \vec{c}$, falls $\vec{a} \nparallel \vec{b}$, wobei 1. $\vec{c}$ orthogonal zu $\vec{a}$ und $\vec{c}$ orthogonal zu $\vec{b}$, 2. $|\vec{c}| = |\vec{a}| \cdot |\vec{b}| \cdot \sin \sphericalangle(\vec{a}, \vec{b})$, 3. $\vec{a}, \vec{b}, \vec{c}$ bilden in der angegebenen Reihenfolge ein Rechtssystem. Es gilt: $\vec{i} \times \vec{i} = \vec{j} \times \vec{j} = \vec{k} \times \vec{k} = \vec{0}$ $\vec{a} \times \vec{a} = \vec{0}$; $\vec{a} \times \vec{b} = -\vec{b} \times \vec{a}$ $\vec{i} \times \vec{j} = \vec{k}$; $\vec{i} \times \vec{k} = -\vec{j}$; $\vec{j} \times \vec{k} = \vec{i}$ $(r\vec{a}) \times \vec{b} = r(\vec{a} \times \vec{b})$; $\left.\begin{array}{l}\vec{a} \times (\vec{b} + \vec{c}) = \vec{a} \times \vec{b} + \vec{a} \times \vec{c}\\(\vec{a} + \vec{b}) \times \vec{c} = \vec{a} \times \vec{c} + \vec{b} \times \vec{c}\end{array}\right\}$ (Distributivgesetz) Wenn $\vec{a} = a_x\vec{i} + a_y\vec{j} + a_z\vec{k}$ und $\vec{b} = b_x\vec{i} + b_y\vec{j} + b_z\vec{k}$, so $\vec{a} \times \vec{b} = (a_y b_z - a_z b_y)\vec{i} + (a_z b_x - a_x b_z)\vec{j} + (a_x b_y - a_y b_x)\vec{k}$.
Winkel	Winkel des Ortsvektors $\overrightarrow{OP} = \vec{v}$ mit den Koordinatenachsen (Richtungskosinus)
	in einer Ebene / **im Raum** für $\vec{p} = x_p\vec{i} + y_p\vec{j}$: $\cos\alpha = \dfrac{x_p}{|\vec{p}|}$; $\cos\beta = \dfrac{y_p}{|\vec{p}|}$ $\cos^2\alpha + \cos^2\beta = 1$ für $\vec{p} = x_p\vec{i} + y_p\vec{j} + z_p\vec{k}$: $\cos\alpha = \dfrac{x_p}{|\vec{p}|}$; $\cos\beta = \dfrac{y_p}{|\vec{p}|}$; $\cos\gamma = \dfrac{z_p}{|\vec{p}|}$ $\cos^2\alpha + \cos^2\beta + \cos^2\gamma = 1$

Mathematische Formeln

Vektorrechnung und analytische Geometrie

Winkel (Forts.)	Winkel zwischen zwei Vektoren $\vec{a}$ und $\vec{b}$ (falls $\vec{a} \neq \vec{0}$ und $\vec{b} \neq \vec{0}$): $\cos \alpha = \dfrac{\vec{a} \cdot \vec{b}}{|\vec{a}| \cdot |\vec{b}|} = \dfrac{a_x b_x + a_y b_y + a_z b_z}{\sqrt{a_x^2 + a_y^2 + a_z^2} \sqrt{b_x^2 + b_y^2 + b_z^2}}$

Gleichung einer Geraden (vektoriell und analytisch)

In einer Ebene gelte bezüglich $\{0; \vec{i}; \vec{j}\}$:
$\overrightarrow{OP_0} = \vec{v}_0 = x_0 \vec{i} + y_0 \vec{j};\quad \vec{a} = a_x \vec{i} + a_y \vec{j}$
$\overrightarrow{OP_1} = \vec{v}_1 = x_1 \vec{i} + y_1 \vec{j};\quad P_0 \neq P_1$
$\overrightarrow{OP} = \vec{v} = x\vec{i} + y\vec{j};\quad \overrightarrow{P_0 P_1} = \vec{v}_1 - \vec{v}_0$

Im Raum gelte bezüglich $\{0; \vec{i}; \vec{j}; \vec{k}\}$:
$\overrightarrow{OP_0} = \vec{v}_0 = x_0 \vec{i} + y_0 \vec{j} + z_0 \vec{k};\quad \vec{a} = a_x \vec{i} + a_y \vec{j} + a_z \vec{k}$
$\overrightarrow{OP_1} = \vec{v}_1 = x_1 \vec{i} + y_1 \vec{j} + z_1 \vec{k};\quad P_0 \neq P_1$
$\overrightarrow{OP} = \vec{v} = x\vec{i} + y\vec{j} + z\vec{k};\quad \overrightarrow{P_0 P_1} = \vec{v}_1 - \vec{v}_0$

Punktrichtungsgleichung:
$\vec{v} = \vec{v}_0 + t\vec{a},\quad t \in \mathbb{R};\quad \vec{a} \neq \vec{0}$

	in einer Ebene	im Raum
Komponentendarstellung	$\vec{v} = (x_0 + ta_x)\vec{i} + (y_0 + ta_y)\vec{j}$	$\vec{v} = (x_0 + ta_x)\vec{i} + (y_0 + ta_y)\vec{j} + (z_0 + ta_z)\vec{k}$
Koordinatendarstellung	$\begin{pmatrix}x\\y\end{pmatrix} = \begin{pmatrix}x_0 + ta_x\\y_0 + ta_y\end{pmatrix}$	$\begin{pmatrix}x\\y\\z\end{pmatrix} = \begin{pmatrix}x_0 + ta_x\\y_0 + ta_y\\z_0 + ta_z\end{pmatrix}$
als Gleichungssystem	$x = x_0 + ta_x$ $y = y_0 + ta_y$	$x = x_0 + ta_x$ $y = y_0 + ta_y$ $z = z_0 + ta_z$

Parameterfreie Darstellung in der Ebene: $y - y_0 = m(x - x_0);\ m = \tan \alpha = \dfrac{a_y}{a_x};\ a_x \neq 0$.

Zweipunktegleichung:
$\vec{v} = \vec{v}_0 + t(\vec{v}_1 - \vec{v}_0),\quad t \in \mathbb{R}$

	in einer Ebene	im Raum
Komponentendarstellung	$\vec{v} = [x_0 + t(x_1 - x_0)]\vec{i} + [y_0 + t(y_1 - y_0)]\vec{j}$	$\vec{v} = [(x_0 + t(x_1 - x_0)]\vec{i} + [y_0 + t(y_1 - y_0)]\vec{j} + [z_0 + t(z_1 - z_0)]\vec{k}$
Koordinatendarstellung	$\begin{pmatrix}x\\y\end{pmatrix} = \begin{pmatrix}x_0 + t(x_1 - x_0)\\y_0 + t(y_1 - y_0)\end{pmatrix}$	$\begin{pmatrix}x\\y\\z\end{pmatrix} = \begin{pmatrix}x_0 + t(x_1 - x_0)\\y_0 + t(y_1 - y_0)\\z_0 + t(z_1 - z_0)\end{pmatrix}$
als Gleichungssystem	$x = x_0 + t(x_1 - x_0)$ $y = y_0 + t(y_1 - y_0)$	$x = x_0 + t(x_1 - x_0)$ $y = y_0 + t(y_1 - y_0)$ $z = z_0 + t(z_1 - z_0)$

Parameterfreie Darstellung in der Ebene: $(y - y_0)(x_1 - x_0) = (x - x_0)(y_1 - y_0)$.

Normalform (in einer Ebene):
$y = mx + n\ (m, n \in \mathbb{R};\ m \neq 0)$

Allgemeine Form (in einer Ebene):
$ax + by = c\ (a, b, c \in \mathbb{R};\ a^2 + b^2 \neq 0)$

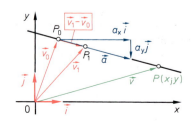

Mathematische Formeln → 45

Vektorrechnung und analytische Geometrie

Achsenabschnittsgleichung der Geradengleichung

In einer Ebene gilt: $\dfrac{x}{a} + \dfrac{y}{b} = 1$.

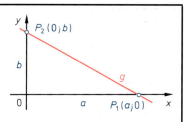

Hessesche Normalenform der Geradengleichung

In einer Ebene gilt für eine Gerade, wenn mit p der Abschnitt $\overrightarrow{OP}$ des Lotes von O auf g und mit φ der Winkel zwischen dem positiven Teil der x-Achse und dem Lot bezeichnet wird:
$x \cdot \cos\varphi + y \cdot \sin\varphi - p = 0$.

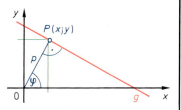

Vektorielle Darstellung der Hesseschen Normalenform in Ebene und Raum

Für eine Gerade g bzgl. $\{O; \vec{i}; \vec{j}\}$ bzw. für eine Ebene ε bzgl. $\{O; \vec{i}; \vec{j}; \vec{k}\}$ gilt die Normalengleichung: $(\vec{v} - \vec{v}_0) \cdot \vec{n} = 0$.

Die Koeffizienten der allgemeinen Form der Geradengleichung in einer Ebene $ax + by = c$ bzw. der Geradengleichung im Raum $ax + by + cz = d$ liefern die Koordinaten eines Normalenvektors $\vec{n}$:

$\vec{n} = \begin{pmatrix} a \\ b \end{pmatrix}$ bzw. $\vec{n} = \begin{pmatrix} a \\ b \\ c \end{pmatrix}$.

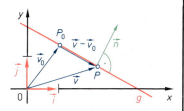

Normaleneinheitsvektor zu $\vec{n}$: $\vec{e}_n = \dfrac{\vec{n}}{|\vec{n}|}$; $|\vec{e}_n| = 1$.

Hessesche Normalenform: $\vec{v} \cdot \vec{e}_n - \vec{v}_0 \cdot \vec{e}_n = 0$.

Dabei ist $\vec{v}_0 \cdot \vec{e}_n = p$
der Abstand der Geraden durch P_0 mit $\vec{v}_0 = x_0\vec{i} + y_0\vec{j}$ von O bzw.
der Abstand der Geraden durch P_0 mit $\vec{v}_0 = x_0\vec{i} + y_0\vec{j} + z_0\vec{k}$ von O.

Gleichungen einer Ebene

Im Raum gelten bezüglich $\{O; \vec{i}; \vec{j}; \vec{k}\}$:
$\overrightarrow{OP_0} = \vec{v}_0 = x_0\vec{i} + y_0\vec{j} + z_0\vec{k}$, $\vec{a} = a_x\vec{i} + a_y\vec{j} + a_z\vec{k}$, $\vec{b} = b_x\vec{i} + b_y\vec{j} + b_z\vec{k}$
ferner
$\overrightarrow{OP_1} = \vec{v}_1 = x_1\vec{i} + y_1\vec{j} + z_1\vec{k}$, $\overrightarrow{OP_2} = \vec{v}_2 = x_2\vec{i} + y_2\vec{j} + z_2\vec{k}$.
Für $\overrightarrow{OP} = \vec{v} = x\vec{i} + y\vec{j} + z\vec{k}$ gilt dann:

Punktrichtungs-gleichung $(P_0; \vec{a}; \vec{b})$	$\vec{v} = \vec{v}_0 + r \cdot \vec{a} + s \cdot \vec{b}$ (r, s sind Parameter; $r \in \mathbb{R}, s \in \mathbb{R}$)	a, b linear unabhängig
Dreipunkte-gleichung $(P_0; P_1; P_2)$	$\vec{v} = \vec{v}_0 + r(\vec{v}_1 - \vec{v}_0) + s(\vec{v}_2 - \vec{v}_0)$ (r, s sind Parameter; $r \in \mathbb{R}, s \in \mathbb{R}$)	P_0, P_1, P_2 nicht kollinear

Allgemeine Form der Ebenengleichung:
$ax + by + cz - d = 0 \quad (a^2 + b^2 + c^2 \neq 0; a, b, c, d \in \mathbb{R})$

Gleichungen der Koordinatenebenen

xy-Ebene	xz-Ebene	yz-Ebene
$\vec{v} = x\vec{i} + y\vec{j}$ $\begin{cases} -\infty < x < +\infty \\ -\infty < y < +\infty \\ z = 0 \end{cases}$	$\vec{v} = x\vec{i} + z\vec{k}$ $\begin{cases} -\infty < x < +\infty \\ y = 0 \\ -\infty < z < +\infty \end{cases}$	$\vec{v} = y\vec{j} + z\vec{k}$ $\begin{cases} x = 0 \\ -\infty < y < +\infty \\ -\infty < z < +\infty \end{cases}$

Mathematische Formeln

Vektorrechnung und analytische Geometrie

Zwei Geraden (Lagebeziehung) • **Ebene**	In einer Ebene gilt für g und h $g: y = m_1x + n_1$; $\quad h: y = m_2x + n_2$. $g \parallel h$ genau dann, wenn $m_1 = m_2$. $g = h$ genau dann, wenn $m_1 = m_2$ und $n_1 = n_2$. $g \perp h$ genau dann, wenn $m_1 = -\dfrac{1}{m_2}$.	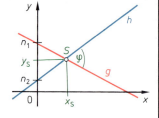

Schnittpunkt $S(x_S; y_S)$, falls $g \not\parallel h$:
$x_S = \dfrac{n_1 - n_2}{m_2 - m_1}$; $\quad y_S = \dfrac{m_2 n_1 - m_1 n_2}{m_2 - m_1}$

Schnittwinkel φ ($\varphi \neq 0$):
$\tan \varphi = \dfrac{m_2 - m_1}{1 + m_1 m_2}$ mit $m_1 m_2 \neq -1$

In einer Ebene gilt für g und h mit
$g: \vec{v} = \vec{v}_1 + \vec{a}t$; $\quad h: \vec{w} = \vec{w}_1 + \vec{b}u$ für $\vec{v}_1 = x_1\vec{i} + y_1\vec{j}$ und $\vec{w}_1 = x_2\vec{i} + y_2\vec{j}$
$g \parallel h$ genau dann, wenn $\vec{b} = r\vec{a}$ ($r \neq 0$).
$g \perp h$ genau dann, wenn $\vec{a} \cdot \vec{b} = 0$.
Falls $g \not\parallel h$, gibt es einen Schnittpunkt S mit $\vec{s} = (x_S; y_S)$:

$\begin{pmatrix} x_S \\ y_S \end{pmatrix} = \begin{pmatrix} x_1 \\ y_1 \end{pmatrix} + t_S \begin{pmatrix} a_x \\ a_y \end{pmatrix} = \begin{pmatrix} x_2 \\ y_2 \end{pmatrix} + u_S \begin{pmatrix} b_x \\ b_y \end{pmatrix}$ $\quad$ Schnittwinkel $\nearrow$ S. 44

• **Raum**

Im Raum gilt für g und h mit $g: \vec{v} = \vec{v}_1 + \vec{a}t$ und $\vec{v}_1 = x_1\vec{i} + y_1\vec{j} + z_1\vec{k}$
$\qquad h: \vec{w} = \vec{w}_1 + \vec{b}u$ und $\vec{w}_1 = x_2\vec{i} + y_2\vec{j} + z_1\vec{k}$
$g \parallel h$, wobei $g \neq h$, genau dann, wenn $\vec{b} = r\vec{a}$ ($r \neq 0$) und $\vec{w}_1 - \vec{v}_1 \not\parallel \vec{a}$.
$g \parallel h$, wobei $g = h$, genau dann, wenn $\vec{b} = r\vec{a}$ ($r \neq 0$) und wenn darüber hinaus $\vec{w}_1 - \vec{v}_1 \parallel \vec{a}$.

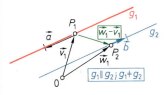 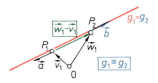

Falls die Geraden einander schneiden ($\vec{a} \not\parallel \vec{b}$ und $\vec{a}, \vec{b}, \vec{w}_1 - \vec{v}_1$ komplanar), ermittelt man den Schnittpunkt S mit $\vec{s} = (x_S; y_S; z_S)$ über

$\begin{pmatrix} x_S \\ y_S \\ z_S \end{pmatrix} = \begin{pmatrix} x_1 \\ y_1 \\ z_1 \end{pmatrix} + t_S \begin{pmatrix} a_x \\ a_y \\ a_z \end{pmatrix} = \begin{pmatrix} x_2 \\ y_2 \\ z_2 \end{pmatrix} + u_S \begin{pmatrix} b_x \\ b_y \\ b_z \end{pmatrix}$

Kreis	$M(0;0)$	$x^2 + y^2 = r^2$ $\vec{v} \cdot \vec{v} = r^2$	$M(c;d)$ $\overrightarrow{OM} = \overrightarrow{v_M}$	$(x-c)^2 + (y-d)^2 = r^2$ $(\vec{v} - \overrightarrow{v_M})(\vec{v} - \overrightarrow{v_M}) = r^2$
Tangente im Punkt $P_0(x_0; y_0)$	$M(0;0)$	$xx_0 + yy_0 = r$ $\vec{v} \cdot \vec{v}_0 = r^2$	$M(c;d)$ $\overrightarrow{OM} = \overrightarrow{v_M}$	$(x-c)(x_0-c) + (y-d)(y_0-d) = r$ $(\vec{v} - \overrightarrow{v_M})(\vec{v}_0 - \overrightarrow{v_M}) = r^2$

Mathematische Formeln → 47

Kegelschnitte

Ellipse	$\overline{F_1P} + \overline{F_2P} = 2a > \overline{F_1F_2}$ F_1, F_2 Brennpunkte $2a$ Länge der Hauptachse	Lineare Exzentrizität $e = \sqrt{a^2 - b^2}$ Numerische Exzentrizität: $\varepsilon = \dfrac{e}{a} < 1$

	Mittelpunktslage $M(0; 0)$	achsenparallele Lage $M(c; d)$
Ellipse	$\dfrac{x^2}{a^2} + \dfrac{y^2}{b^2} = 1$	$\dfrac{(x-c)^2}{a^2} + \dfrac{(y-d)^2}{b^2} = 1$
Tangente in $P_0(x_0; y_0)$	$\dfrac{xx_0}{a^2} + \dfrac{yy_0}{b^2} = 1$	$\dfrac{(x-c)(x_0-c)}{a^2} + \dfrac{(y-d)(y_0-d)}{b^2} = 1$

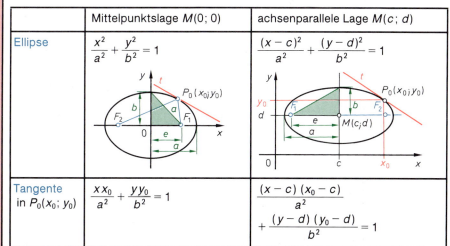

Hyperbel	$|\overline{F_1P} - \overline{F_2P}| = 2a < \overline{F_1F_2}$ Asymptoten: $y = \pm \dfrac{b}{a} x \; (a \neq 0)$	Lineare Exzentrizität: $e = \sqrt{a^2 + b^2}$ Numerische Exzentrizität: $\varepsilon = \dfrac{e}{a} > 1$

	Mittelpunktslage $M(0; 0)$	achsenparallele Lage $M(c; d)$
Hyperbel	$\dfrac{x^2}{a^2} - \dfrac{y^2}{b^2} = 1$	$\dfrac{(x-c)^2}{a^2} - \dfrac{(y-d)^2}{b^2} = 1$
Tangente in $P_0(x_0; y_0)$	$\dfrac{xx_0}{a^2} - \dfrac{yy_0}{b^2} = 1$	$\dfrac{(x-c)(x_0-c)}{a^2} - \dfrac{(y-d)(y_0-d)}{b^2} = 1$

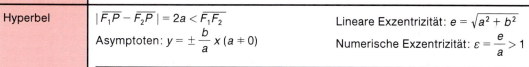

Parabel	$\overline{L_pP} = \overline{PF}$ l Leitlinie; $2p$ Parameter; S Scheitel; F Brennpunkt	Numerische Exzentrizität: $\varepsilon = 1$

Scheitelgleichung der Parabel
$S(0; 0) \quad y^2 = 2px$ $S(c; d) \quad (y-d)^2 = 2p(x-c)$
Tangente im Punkt $P_0(x_0; y_0)$
$S(0; 0) \quad yy_0 = p(x + x_0)$ $S(c; d) \quad (y-d)(y_0-d) = p(x + x_0 - 2c)$

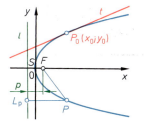

Mathematische Formeln

Komplexe Zahlen

Der Bereich der komplexen Zahlen $\mathbb{C}$ umfaßt alle Zahlen der Form $a + bi$ $(a, b \in \mathbb{R}; i^2 = -1)$.
Die reellen Zahlen bilden eine Teilmenge von $\mathbb{C}$ für den Fall $b = 0$. Der Fall $a = 0; b \neq 0$ liefert eine weitere Teilmenge von $\mathbb{C}$, die imaginären Zahlen.
Die Zahl $\bar{z} = a - bi$ heißt die zu $z = a + bi$ konjugiert komplexe Zahl.

Darstellung der komplexen Zahlen in der Gaussschen Zahlenebene

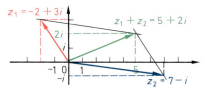

Rechenoperationen in Normalform
Addition von $z_1 = a + bi$ und $z_2 = c + di$: $z_1 + z_2 = (a + c) + (b + d)i$
Subtraktion von $z_1 = a + bi$ und $z_2 = c + di$: $z_1 - z_2 = (a - c) + (b - d)i$
Multiplikation von $z_1 = a + bi$ und $z_2 = c + di$: $z_1 \cdot z_2 = (ac - bd) + (ad + bc)i$
Bilden des Inversen von $z_1 = a + bi$ $(z \neq 0)$: $\dfrac{1}{z} = \dfrac{a}{a^2 + b^2} - \dfrac{b}{a^2 + b^2} i$
Division $(c \neq 0$ oder $d \neq 0)$ $z_1 : z_2 = \dfrac{ac + bd}{c^2 + d^2} + \dfrac{bc - ad}{c^2 + d^2} i$

Zwei komplexe Zahlen $z_1 = a_1 + b_1 i$ und $z_2 = a_2 + b_2 i$ sind gleich, wenn $a_1 = a_2$ und außerdem $b_1 = b_2$.

Betrag der komplexen Zahl $z = a + bi$: $|z| = \sqrt{a^2 + b^2}$.
 Def

Komplexe Zahlen in trigonometrischer Form

Wegen $|z| = \sqrt{a^2 + b^2}$; $a = |z| \cdot \cos \alpha$ und $b = |z| \cdot \sin \alpha$ mit $0° \leq \alpha \leq 360°$ folgt aus $z = a + bi$:
$z = |z| \cdot \cos \alpha + i|z| \cdot \sin \alpha = |z| \cdot (\cos \alpha + i \cdot \sin \alpha)$
$z = r \cdot (\cos \alpha + i \cdot \sin \alpha)$

Beispiel für eine graphische Addition zweier komplexer Zahlen

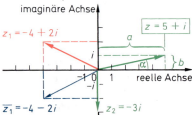

Rechenoperationen mit komplexen Zahlen in trigonometrischer Form
Addition von $z_1 = r_1 \cdot (\cos \alpha_1 + i \sin \alpha_1)$ und $z_2 = r_2 \cdot (\cos \alpha_2 + i \sin \alpha_2)$: $z_1 + z_2 = (r_1 \cdot \cos \alpha_1 + r_2 \cdot \cos \alpha_2) + (r_1 \cdot \sin \alpha_1 + r_2 \cdot \sin \alpha_2) i$
Subtraktion von $z_1 = r_1 \cdot (\cos \alpha_1 + i \sin \alpha_1)$ und $z_2 = r_2 \cdot (\cos \alpha_2 + i \sin \alpha_2)$: $z_1 - z_2 = (r_1 \cdot \cos \alpha_1 - r_2 \cdot \cos \alpha_2) + (r_1 \cdot \sin \alpha_1 - r_2 \cdot \sin \alpha_2) i$
Multiplikation von $z_1 = r_1 \cdot (\cos \alpha_1 + i \sin \alpha_1)$ und $z_2 = r_2 \cdot (\cos \alpha_2 + i \sin \alpha_2)$: $z_1 \cdot z_2 = r_1 r_2 \cdot [\cos (\alpha_1 + \alpha_2) + i \sin (\alpha_1 + \alpha_2)]$
Division von $z_1 = r_1 \cdot (\cos \alpha_1 + i \sin \alpha_1)$ und $z_2 = r_2 \cdot (\cos \alpha_2 + i \sin \alpha_2)$: $\dfrac{z_1}{z_2} = \dfrac{r_1}{r_2} [\cos (\alpha_1 - \alpha_2) + i \sin (\alpha_1 - \alpha_2)]$ $\quad (z_2 \neq 0 + 0i)$
Potenzieren von $z = r \cdot (\cos \alpha + i \sin \alpha)$ mit n $(n \in \mathbb{Z})$ $z^n = r^n [\cos (n \alpha) + i \sin (n \alpha)]$ Satz des Moivre

Physik

Größen und Einheiten

Basiseinheiten des Internationalen Einheitensystems (SI)

Größe und Zeichen für die Größe	Einheit/ Einheitenzeichen	Definition der Einheit
Länge l	Meter m	Das Meter ist die Länge der Strecke, die Licht im Vakuum während der Dauer von $1/299\,792\,458$ Sekunden durchläuft.
Masse m	Kilogramm kg	Das Kilogramm ist die Masse des internationalen Kilogrammprototyps.
Zeit t	Sekunde s	Die Sekunde ist die Dauer von 9 192 631 770 Perioden der Strahlung, die dem Übergang zwischen den beiden Hyperfeinstrukturniveaus des Grundzustandes des Atoms Caesium 133 entspricht.
Stromstärke I	Ampere A	Das Ampere ist die Stärke des zeitlich unveränderlichen elektrischen Stromes durch zwei geradlinige, parallele, unendlich lange Leiter von vernachlässigbarem Querschnitt, die den Abstand 1 m haben und zwischen denen die durch den Strom elektrodynamisch hervorgerufene Kraft im leeren Raum je 1 m Länge der Doppelleitung $2 \cdot 10^{-7}$ N beträgt.
Temperatur T	Kelvin K	Das Kelvin ist der 273,16te Teil der thermodynamischen Temperatur des Tripelpunktes von Wasser.
Stoffmenge n	Mol mol	Das Mol ist die Stoffmenge eines Systems, das aus soviel gleichartigen elementaren Teilchen (Atomen, Molekülen, Ionen) besteht, wie Atome in 0,012 kg des Kohlenstoffnuklids ^{12}C enthalten sind. (↗ S. 38)
Lichtstärke I	Candela cd	Die Candela ist die Lichtstärke einer Strahlungsquelle, die monochromatische Strahlung der Frequenz $540 \cdot 10^{12}$ Hz in eine bestimmte Richtung aussendet, in der die Strahlstärke $1/683$ W·sr^{-1} beträgt.

Größen und Einheiten

Physikalische Größe	Formelzeichen	Einheitenname, Einheitenzeichen		Beziehungen zwischen den Einheiten
Länge	l	Meter	m	Basiseinheit
Weg	s	Astronomische Einheit	AE	1 AE = $1{,}496 \cdot 10^{11}$ m
Höhe	h	Lichtjahr	ly	1 ly = $9{,}461 \cdot 10^{15}$ m
Radius	r	Parsec	pc	1 pc = $3{,}086 \cdot 10^{16}$ m
Wellenlänge	λ			

Größen und Einheiten

Physikalische Größe	Formel-zeichen	Einheitenname, Einheitenzeichen		Beziehungen zwischen den Einheiten
Fläche	A	Quadratmeter Ar Hektar	m^2 a ha	$1\,m^2 = 1\,m \cdot 1\,m$ $1\,a = 10^2\,m^2$ $1\,ha = 10^4\,m^2$
Volumen	V	Kubikmeter Liter	m^3 l	$1\,m^3 = 1\,m \cdot 1\,m \cdot 1\,m$ $1\,l = 0{,}001\,m^3 = 10^{-3}\,m^3$
Ebener Winkel Drehwinkel	α, β, γ σ, φ	Radiant Grad Minute Sekunde	rad ° ′ ″	$1\,rad = \dfrac{1\,m}{1\,m}$ $1° = \dfrac{\pi}{180}\,rad = 60′$ $1′ = \dfrac{\pi}{10800}\,rad = 60″$ $1″ = \dfrac{\pi}{648\,000}\,rad$
Zeit Periode (Umlaufzeit, Schwingungsdauer)	t T	Sekunde Minute Stunde Tag	s min h d	Basiseinheit $1\,min = 60\,s$ $1\,h = 3600\,s$ $1\,d = 86400\,s$
Frequenz	f	Hertz	Hz	$1\,Hz = \dfrac{1}{s} = 1\,s^{-1}$
Kreisfrequenz	ω	Eins je Sekunde	$\dfrac{1}{s}$	$1\,\dfrac{1}{s} = 1\,s^{-1}$
Geschwindigkeit	v, u	Meter je Sekunde	$\dfrac{m}{s}$	$1\,\dfrac{m}{s} = 1\,m \cdot s^{-1}$
Beschleunigung Fallbeschleunigung	a g	Meter je Quadratsekunde	$\dfrac{m}{s^2}$	$1\,\dfrac{m}{s^2} = 1\,m \cdot s^{-2}$
Winkel-geschwindigkeit	ω	Radiant je Sekunde	$\dfrac{rad}{s}$	$1\,\dfrac{rad}{s} = \dfrac{1}{s} = 1\,s^{-1}$
Winkel-beschleunigung	α	Radiant je Quadratsekunde	$\dfrac{rad}{s^2}$	$1\,\dfrac{rad}{s^2} = \dfrac{1}{s^2} = 1\,s^{-2}$
Masse	m	Kilogramm Tonne Atomare Masseneinheit	kg t u	Basiseinheit $1\,t = 10^3\,kg$ $1\,u = 1{,}66054 \cdot 10^{-27}\,kg$
Dichte	ϱ	Kilogramm je Kubikmeter	$\dfrac{kg}{m^3}$	$1\,\dfrac{kg}{m^3} = 1\,kg \cdot m^{-3} = 0{,}001\,\dfrac{g}{cm^3}$
Kraft Gewichtskraft	F $F_G; G$	Newton	N	$1\,N = 1\,\dfrac{kg \cdot m}{s^2} = 1\,kg \cdot m \cdot s^{-2}$
Druck	p	Pascal Bar	Pa bar	$1\,Pa = 1\,\dfrac{N}{m^2} = 1\,\dfrac{kg}{m \cdot s^2}$ $1\,bar = 1 \cdot 10^5\,Pa$

Größen und Einheiten

Größe	Symbol	Einheit	Einheitenzeichen	Beziehungen
Arbeit	W	Joule	J	$1\,J = 1\,N\cdot m = 1\,\dfrac{kg\cdot m^2}{s^2}$
Energie	E	Newtonmeter Wattsekunde Elektronvolt	$N\cdot m$ $W\cdot s$ eV	$1\,N\cdot m = 1\,J$ $1\,W\cdot s = 1\,J$ $1\,eV = \dfrac{1{,}602}{10^{19}}\,J$
Leistung	P	Joule je Sekunde Watt	$\dfrac{J}{s}$ W	$1\,\dfrac{J}{s} = 1\,\dfrac{kg\cdot m^2}{s^3}$ $1\,W = 1\,\dfrac{J}{s}$
Drehmoment Biegemoment Torsionsmoment	M M_b T	Newtonmeter	$N\cdot m$	$1\,N\cdot m = \dfrac{1\,kg\cdot m^2}{s^2}$
Kraftstoß Impuls	S, I p	Newtonsekunde	$N\cdot s$	$1\,N\cdot s = 1\,kg\cdot m\cdot s^{-1}$
Trägheitsmoment	J	Kilogramm mal Quadratmeter	$kg\cdot m^2$	
Temperatur Temperaturdifferenz	T ϑ, t $\Delta\vartheta$ ΔT	Kelvin Grad Celsius Grad Celsius Kelvin	K °C °C K	Basiseinheit $\vartheta = T - T_0;\ T_0 = 273{,}15\,K$ $1\,°C = 1\,K$ (für Temperaturdifferenzen)
Wärme	Q	Joule	J	$1\,J = 1\,W\cdot s = 1\,N\cdot m$
Innere Energie	U	Joule	J	$1\,J = 1\,W\cdot s = 1\,N\cdot m$
Spezifische Wärmekapazität Spezifische Gaskonstante	c c_p c_V R	Joule je Kilogramm und Kelvin	$\dfrac{J}{kg\cdot K}$	
Elektrische Stromstärke	I	Ampere	A	Basiseinheit
Elektrische Ladung	Q	Coulomb	C	$1\,C = 1\,A\cdot s$
Elektrische Arbeit	W	Joule Kilowattstunde	J kWh	$1\,J = 1\,V\cdot A\cdot s = 1\,W\cdot s$ $1\,kW\cdot h = 3{,}6\,MJ$
Elektrische Leistung*	P	Watt	W	$1\,W = 1\,V\cdot A \qquad 1\,W = 1\,\dfrac{J}{s}$
Elektrische Spannung	U	Volt	V	$1\,V = 1\,\dfrac{W}{A} = 1\,\dfrac{m^2\cdot kg}{s^3\cdot A}$
Elektrische Feldstärke	E	Volt je Meter	$\dfrac{V}{m}$	$1\,\dfrac{V}{m} = 1\,W\cdot A^{-1}\cdot m^{-1}$

* In der Technik gebraucht man für die Einheiten der Wirkleistung, Scheinleistung und Blindleistung unterschiedliche Bezeichnungen: Watt (W), Voltampere (VA) bzw. Var (var).

Größen und Einheiten

Physikalische Größe	Formelzeichen	Einheitenname, Einheitenzeichen		Beziehungen zwischen den Einheiten
Elektrische Kapazität	C	Farad	F	$1\,F = 1\,\dfrac{C}{V} = 1\,\dfrac{A \cdot s}{V}$
Elektrischer Widerstand	R	Ohm	Ω	$1\,\Omega = 1\,\dfrac{V}{A}$
Spezifischer elektrischer Widerstand	ϱ	Ohmmeter	$\Omega \cdot m$	$1\,\Omega \cdot m = 1\,m^3 \cdot kg \cdot s^{-3} \cdot A^{-2}$ $1\,\Omega \cdot m = 1\,\Omega \cdot m^2 \cdot m^{-1}$
Magnetischer Fluß	Φ	Weber	Wb	$1\,Wb = 1\,V \cdot s$ $1\,Wb = 1\,T \cdot m^2$
Magnetische Flußdichte	B	Tesla	T	$1\,T = 1\,V \cdot s \cdot m^{-2}$ $1\,T = 1\,Wb \cdot m^{-2}$
Induktivität	L	Henry	H	$1\,H = 1\,\dfrac{V \cdot s}{A} = 1\,\dfrac{Wb}{A}$
Stoffmenge (Objektmenge)	n	Mol	mol	Basiseinheit
Molare Masse	M	Kilogramm je Mol	$\dfrac{kg}{mol}$	$1\,\dfrac{kg}{mol} = 1\,kg \cdot mol^{-1}$
Molares Volumen	V_m	Kubikmeter je Mol	$\dfrac{m^3}{mol}$	$1\,\dfrac{m^3}{mol} = 1\,m^3 \cdot mol^{-1}$

Vorsätze zum Bilden von Vielfachen und Teilen von Einheiten

Vorsatz	Vorsatzzeichen	Faktor, mit dem die Einheit multipliziert werden muß	Vorsatz	Vorsatzzeichen	Faktor, mit dem die Einheit multipliziert werden muß
Exa	E	10^{18}	Dezi	d	$0{,}1 = \dfrac{1}{10} = 10^{-1}$
Peta	P	10^{15}	Zenti	c	$0{,}01 = \dfrac{1}{100} = \dfrac{1}{10^2} = 10^{-2}$
Tera	T	10^{12}	Milli	m	$0{,}001 = \dfrac{1}{1000} = \dfrac{1}{10^3} = 10^{-3}$
Giga	G	10^{9}	Mikro	µ	$\dfrac{1}{10^6} = 10^{-6}$
Mega	M	10^{6}	Nano	n	$\dfrac{1}{10^9} = 10^{-9}$
Kilo	k	10^{3}	Piko	p	$\dfrac{1}{10^{12}} = 10^{-12}$
Hekto	h	10^{2}	Femto	f	$\dfrac{1}{10^{15}} = 10^{-15}$
Deka	da	10^{1}	Atto	a	$\dfrac{1}{10^{18}} = 10^{-18}$

Wertetafeln zur Physik

Umrechnungsfaktoren von Einheiten

Kraft

Newton	1 N = 0,102 kp = 102 p
Kilopond	1 kp = 1000 p = 9,81 N
Pond	1 p = 0,001 kp = 0,00981 N

Druck

Pascal	1 Pa = 1,020 · 10^{-5} at = 7,50 · 10^{-3} Torr = 10^{-5} bar = 9,87 · 10^{-6} atm
Techn. Atmosphäre Physikal. Atmosphäre	1 at = 9,81 · 10^4 Pa = 736 Torr = 0,981 bar = 0,97 atm 1 atm = 1,01 · 10^5 Pa = 760 Torr = 1,01 bar = 1,03 at
Torr	1 Torr = 133,32 Pa = 1,36 · 10^{-3} at = 1,33 · 10^{-3} bar = $\frac{1}{760}$ atm
Bar	1 bar = 10^5 Pa = 1,02 at = 750 Torr = 0,99 atm

Arbeit, Energie, Wärme

Joule Newtonmeter Wattsekunde	1 J = 1 Nm = 1 Ws = 2,778 · 10^{-7} kWh = 6,241 · 10^{18} eV = 2,388 · 10^{-4} kcal
Kilowattstunde	1 kWh = 3,6 · 10^6 Ws = 2,25 · 10^{25} eV = 860 kcal
Elektronvolt Kilokalorie	1 eV = 1,6 · 10^{-19} Nm = 4,45 · 10^{-26} kWh = 3,83 · 10^{-23} kcal 1 kcal = 4,19 · 10^3 J = 1,16 · 10^{-3} kWh = 2,61 · 10^{22} eV

Leistung

Watt Joule je Sekunde Newtonmeter je Sekunde	1 W = 1 J · s^{-1} = 1 Nm · s^{-1} = 10^{-3} kW = 0,86 kcal · h^{-1} = 0,102 kpm · s^{-1} = 1,36 · 10^{-3} PS
Kilowatt	1 kW = 1000 W = 860 kcal · h^{-1} = 102 kpm · s^{-1} = 1,36 PS
Kilokalorie je Stunde	1 kcal · h^{-1} = 1,16 J · s^{-1} = 1,16 · 10^{-3} kW = 0,119 kpm · s^{-1} = 1,58 · 10^{-3} PS
Kilopondmeter je Sekunde	1 kpm · s^{-1} = 9,81 Nm · s^{-1} = 9,81 · 10^{-3} kW = 8,43 kcal · h^{-1} = 1,33 · 10^{-2} PS
Pferdestärke	1 PS = 736 Nm · s^{-1} = 0,736 kW = 632 kcal · h^{-1} = 75 kpm · s^{-1}

Wertetafeln zur Physik

Reibungszahlen

Werkstoff	Haftreibungszahl μ_0	Gleitreibungszahl μ
Beton auf Kies Beton auf Sand	0,87 0,56	
Gummireifen auf Asphalt, trocken Gummireifen auf Asphalt, naß	<0,9 <0,5	<0,3 <0,15
Gummireifen auf Beton, trocken Gummireifen auf Beton, naß	<1,0 <0,6	<0,5 <0,3
Holz auf Holz	0,65	0,35
Leder auf Metall (Dichtungen)	0,60	0,25

Widerstandsbeiwerte einiger Körper (Vergleich zur Kreisscheibe = 1)

Körper	Widerstandsbeiwert
Halbkugel (Strömung zur Höhlung)	1,4
Kreisscheibe	1,0
Quadratische Scheibe	0,9
Hohlhalbkugel (Strömung zur Wölbung)	0,4
Kugel	0,3
Stromlinienkörper (Strömung zur Spitze)	0,2
Stromlinienkörper (Strömung zur Wölbung)	<0,1
Fahrzeuge (moderne Bauart)	0,3 bis 1,2

Dichten fester Stoffe (bei 20 °C)

Stoff	ϱ in g·cm^{-3}	Stoff	ϱ in g·cm^{-3}
Aluminium	2,70	Kupfer	8,93
Beton (Stahlbeton)	2,3	Magnesium	1,74
Blei	11,39	Mauerwerk	1,7
Diamant	3,51	Porzellan	2,3
Glas (Fensterglas)	2,5	Quarzglas	2,20
Gold	19,3	Silber	10,50
Hartgummi	1,2	Stahl	7,8
Holz (Eiche)	0,8	Zink	7,13
Konstantan	8,8	Zinn	7,28

Wertetafeln zur Physik

Dichten von Flüssigkeiten und Gasen

Flüssigkeit	ϱ in $\frac{g}{cm^3}$ (bei 20 °C)	Gas	ϱ in $\frac{kg}{m^3}$ (bei Normaldruck und 0 °C)
Aceton	0,791	Ammoniak	0,771
Benzol	0,879	Helium	0,179
Diethylether	0,716	Kohlenstoffdioxid	1,977
Ethanol	0,789	Luft	1,293
Glycerin	1,260	Sauerstoff	1,429
Methanol	0,792	Stickstoff	1,251
Petroleum	0,81	Wasserstoff	0,089
Quecksilber	13,55		
Trichlormethan	1,49		
Wasser	0,998		

Schallgeschwindigkeiten in Stoffen (Richtwerte für 20 °C und Normaldruck)

Feste Stoffe	v in $\frac{m}{s}$	Flüssigkeiten und Gase	v in $\frac{m}{s}$
Aluminium	5 100	Benzin	1 160
Beton	3 800	Wasser bei 4 °C	1 400
Blei	1 300	Wasser bei 20 °C	1 484
Eis	3 230	Kohlenstoffdioxid	260
Glas	4 000 bis 5 500	Luft bei 0 °C	331
Gummi	40	Luft bei 10 °C	337
Kupfer	3 900	Luft bei 20 °C	343
Stahl	5 100	Luft bei 30 °C	349
Ziegelmauerwerk	3 600	Wasserstoff	1 280

Lichtgeschwindigkeiten in Stoffen und im Vakuum

Stoff	c in $\frac{km}{s}$	Stoff	c in $\frac{km}{s}$
Diamant	125 000	Kohlenstoffdisulfid	184 000
Flintglas	186 000	Wasser	225 000
Kronglas	200 000	Luft	299 711
Polystyrol	189 000	Vakuum	299 792

Mittlere Geschwindigkeiten von Gasmolekülen (bei 0 °C)

Gas	$\bar{v}$ in $\frac{m}{s}$	Gas	$\bar{v}$ in $\frac{m}{s}$
Helium	1 304	Sauerstoff	460
Kohlenstoffdioxid	394	Stickstoff	490
Luft	485	Wasserstoff	1 840

Wertetafeln zur Physik

Heizwerte (untere) einiger Brennstoffe bei 20 °C und 101,3 kPa

Feste Brennstoffe	H in $\frac{MJ}{kg}$	Flüssige Brennstoffe	H in $\frac{MJ}{l}$	Gasförmige Brennstoffe	H in $\frac{kJ}{l}$
Anthrazit	31	Benzol	35	Acetylen	59
Braunkohle (weich)	8,5	Dieselkraftstoff	35 bis 38	Butan	134
Briketts	20	Erdöl	41	Erdgas (trocken)	19 bis 34
				Erdgas (naß)	21 bis 54
Holz (frisch)	8	Flugbenzin	45	Kokereigas	20
Holz (trocken)	15	Heizöl	42	Propan	102
Torf (trocken)	15	Petroleum	41	Stadtgas	18
		Spiritus	32	Steinkohlengas	23
Steinkohle	29	Vergaserkraftstoff	32 bis 38	Wassergas	11
Steinkohlenkoks	29			Wasserstoff	13

Eigenschaften von festen Stoffen

Stoff	Linearer Ausdehnungskoeffizient α in $\frac{1}{K}$	Schmelztemperatur ϑ_s in °C (bei 101,3 kPa)	Siedetemperatur ϑ_v in °C (bei 101,3 kPa)	Spezifische Wärmekapazität c in $\frac{kJ}{kg \cdot K}$	Spezifische Schmelzwärme q_s in $\frac{kJ}{kg}$
Aluminium	0,000 023	660	≈ 2500	0,90	397
Beton (Stahlbeton)	0,000 012			0,92	
Bismut	0,000 014	271	1560	0,12	52
Blei	0,000 029	327	1755	0,13	26
Bronze	0,000 018	900		0,39	
Diamant	0,000 001	3540	4347	0,46	
Fensterglas	0,000 010			0,86	
Gold	0,000 014	1063	2677	0,13	65
Graphit	0,000 002	3805	4347	0,49	
Holz (Eiche)	0,000 008			2,39	
Konstantan	0,000 015			0,41	
Kupfer	0,000 016	1083	2595	0,39	176
Magnesium	0,000 026	650	1110	0,92	382
Mauerwerk	0,000 005			0,92	
Platin	0,000 009	1773	3827	0,13	113
Porzellan	0,000 004			0,73	
Quarzglas	0,000 001	1700		0,73	
Silber	0,000 020	961	2180	0,23	104
Stahl	0,000 013	≈ 1500		≈ 0,47	
Wolfram	0,000 004	3380	5900	0,13	192
Zink	0,000 036	419	907	0,39	111
Zinn	0,000 027	232	2430	0,22	59

Wertetafeln zur Physik

Eigenschaften von Flüssigkeiten

Stoff	Kubischer Ausdehnungskoeffizient γ in $\frac{1}{K}$	Schmelztemperatur ϑ_s in °C (bei 101,3 kPa)	Siedetemperatur ϑ_v in °C (bei 101,3 kPa)	Spezifische Wärmekapazität c in $\frac{kJ}{kg \cdot K}$	Spezifische Schmelzwärme q_s in $\frac{kJ}{kg}$	Spezifische Verdampfungswärme q_v in $\frac{kJ}{kg}$ (bei 101,3 kPa)
Aceton	0,001 4	−95	56	2,10	82	520
Benzol	0,001 1	5	80	1,70	127	394
Diethylether	0,001 6	−123	35	2,35	98	384
Ethanol	0,001 1	−114	78	2,42	108	842
Glycerin	0,000 5	18	290	2,40	—	—
Methanol	0,001 1	−98	65	2,40	69	1 102
Petroleum	0,000 9	—	—	2,00	—	—
Quecksilber	0,000 18	−39	357	0,14	11	285
Trichlormethan	0,001 28	−64	61	0,95	75	245
Wasser	0,000 18	0	100	4,186	334	2 260

Eigenschaften von Gasen

Stoff	Schmelztemperatur ϑ_s in °C (bei 101,3 kPa)	Siedetemperatur ϑ_v in °C (bei 101,3 kPa)	Spezifische Wärmekapazität bei konstantem Volumen c_v in $\frac{kJ}{kg \cdot K}$	Spezifische Wärmekapazität bei konstantem Druck c_p in $\frac{kJ}{kg \cdot K}$	Spezifische Verdampfungswärme q_v in $\frac{kJ}{kg}$
Ammoniak	−78	−33	1,56	2,05	1 370
Helium	−270	−269	3,22	5,23	25
Kohlenstoffdioxid	−57	−78	0,65	0,85	574
Luft	−213	−193	0,72	1,01	190
Sauerstoff	−219	−183	0,65	0,92	213
Stickstoff	−210	−196	0,75	1,04	198
Wasserstoff	−259	−253	10,13	14,28	455

Abhängigkeit der Siedetemperatur und der spezifischen Verdampfungswärme des Wassers vom Druck

Druck p in MPa	Siedetemperatur ϑ_v in °C	Spezifische Verdampfungswärme q_v in MJ·kg^{-1}
0,01	46	2,392
0,05	81	2,304
0,1	100	2,258
0,2	120	2,202
0,5	152	2,109
1,0	180	2,015
5,0	264	1,640
10,0	311	1,317
20,0	366	0,583

Wertetafeln zur Physik

Spezifische Gaskonstanten

Stoff	R in $J \cdot kg^{-1} \cdot K^{-1}$	Stoff	R in $J \cdot kg^{-1} \cdot K^{-1}$
Ammoniak	488	Luft	287
Argon	208	Propan	189
Ethan	277	Sauerstoff	260
Helium	2 077	Stickstoff	297
Kohlenstoffdioxid	189	Wasserstoff	4 124

Spezifische elektrische Widerstände

Metalle	ϱ in $\frac{\Omega \cdot mm^2}{m}$	Widerstands-legierungen	ϱ in $\frac{\Omega \cdot mm^2}{m}$	Isolierstoffe	ϱ in $\frac{\Omega \cdot cm^2}{cm}$
Aluminium	0,028	Bürstenkohle	50	Bernstein	$> 10^{18}$
Blei	0,21	Chromnickel	1,1	Glas	10^{13} bis 10^{14}
Eisen	0,10	Eisen, legiert (4 Si)	0,50	Glimmer	10^{15} bis 10^{17}
Gold	0,022	Konstantan	0,50	Holz (trocken)	10^{11} bis 10^{15}
Reinkupfer	0,017	Manganin	0,43	Paraffin	10^{16} bis 10^{18}
Quecksilber	0,96	Nickelin	0,40	Polyethylen	10^{12} bis 10^{15}
Silber	0,016	Leitungsaluminium	0,029	Polystyrol	bis 10^{18}
Wolfram	0,055	Leitungskupfer	0,018	Polyvinylchlorid	bis 10^{15}
Zinn	0,10	Stahlguß	0,18	Porzellan	bis 10^{15}

Es gilt $1 \frac{\Omega \cdot mm^2}{m} = \frac{1}{10^6} \Omega \cdot m$ und $1 \frac{\Omega \cdot cm^2}{cm} = 1 \Omega \cdot cm$.

				Piacryl	bis 10^{15}
				Transformatorenöl	10^{12} bis 10^{15}

Austrittsarbeiten der Elektronen aus reinen Metalloberflächen

Stoff	W_A in eV	Stoff	W_A in eV	Stoff	W_A in eV
Barium	2,52	Caesium	1,93	Wolfram	4,54
Cadmium	4,04	Kalium	2,22	Zink	3,95

Relative Dielektrizitätskonstanten (Dielektrizitätszahlen)

Isolierstoff	ε_r	Isolierstoff	ε_r
Bernstein	2,8	Paraffin	2,3
Glas	5 bis 16	Polystyrol	2,6
Glimmer	4 bis 10	Porzellan	4,5 bis 6,5
Hartpapier	3,5 bis 5	Transformatorenöl	2,5
Keramische Werkstoffe für Kondensatoren	100 bis 10 000	Vakuum	1
		Wasser	81
Luft	1,000 6		

Wertetafeln zur Physik 59

Relative Permeabilitäten (Permeabilitätszahlen)*

Magnetische Werkstoffe (Richtwerte)	Anfangspermeabilität μ_{r_a}	Maximalpermeabilität $\mu_{r_{max}}$
Elektrolyteisen	600	15 000
Ferrite	300 bis 3 000	
Nickel-Eisen-Legierung	2 700	20 000
Sonderlegierungen	bis 100 000	bis 300 000
Technisches Eisen	250	7 000
Transformatorenblech	600	7 600

Brechzahlen für den Übergang des Lichts aus Luft in den betreffenden Stoff ($n_{Luft} \approx n_{Vakuum}$) für die gelbe Natriumlinie ($\lambda = 589{,}3$ nm)

Stoff	n	Stoff	n
Diamant	2,417	Kronglas, leicht	1,515
Eis	1,31	Kronglas, schwer	1,615
Ethanol	1,362	Polyethylen	1,51
Flintglas, leicht	1,608	Quarzglas	1,459
Flintglas, schwer	1,754	Steinsalz	1,544
Glycerin	1,469	Vakuum	0,999 71
Kohlenstoffdisulfid	1,629	Wasser	1,333

Elektromagnetisches Spektrum

Bezeichnung	Frequenz f in Hz	Wellenlänge λ
Wechselstrom	$16\frac{2}{3}$ bis 10^2	18 000 km bis 3 000 km
Leitungstelefonie	10^2 bis 10^4	3 000 km bis 30 km
Hertzsche Wellen	10^4 bis 10^{13}	30 km bis 0,03 mm
Langwellen	$1{,}5 \cdot 10^5$ bis $3 \cdot 10^5$	2 000 m bis 1 000 m
Mittelwellen	$0{,}5 \cdot 10^6$ bis $2 \cdot 10^6$	600 m bis 150 m
Kurzwellen	$0{,}6 \cdot 10^7$ bis $2 \cdot 10^7$	50 m bis 15 m
Ultrakurzwellen	10^8 bis $3 \cdot 10^8$	30 m bis 1 m
Mikrowellen	$3 \cdot 10^8$ bis 10^{13}	1 m bis 0,03 mm
Lichtwellen	10^{12} bis $5 \cdot 10^{16}$	0,3 mm bis 5 nm
infrarotes Licht	10^{12} bis $3{,}9 \cdot 10^{14}$	0,3 mm bis 770 nm
sichtbares Licht	$3{,}9 \cdot 10^{14}$ bis $7{,}7 \cdot 10^{14}$	770 nm bis 390 nm
– Rot	$3{,}9 \cdot 10^{14}$ bis $4{,}7 \cdot 10^{14}$	770 nm bis 640 nm
– Orange	$4{,}7 \cdot 10^{14}$ bis $5 \cdot 10^{14}$	640 nm bis 600 nm
– Gelb	$5 \cdot 10^{14}$ bis $5{,}3 \cdot 10^{14}$	600 nm bis 570 nm
– Grün	$5{,}3 \cdot 10^{14}$ bis $6{,}1 \cdot 10^{14}$	570 nm bis 490 nm
– Blau	$6{,}1 \cdot 10^{14}$ bis $6{,}5 \cdot 10^{14}$	490 nm bis 460 nm
– Indigo	$6{,}5 \cdot 10^{14}$ bis $7 \cdot 10^{14}$	460 nm bis 430 nm
– Violett	$7 \cdot 10^{14}$ bis $7{,}7 \cdot 10^{14}$	430 nm bis 390 nm
ultraviolettes Licht	$7{,}7 \cdot 10^{14}$ bis $5 \cdot 10^{16}$	390 nm bis 5 nm
Röntgenstrahlen	$3 \cdot 10^{16}$ bis $3 \cdot 10^{20}$	10 nm bis 1 pm
Gammastrahlen	10^{18} bis 10^{22}	300 pm bis 0,03 pm
Kosmische Strahlen	10^{22} bis 10^{24}	0,03 pm bis 0,000 3 pm

* Die Permeabilität der magnetischen Werkstoffe ist stark von der Art der Legierung und von der Behandlung abhängig. Der Betrag der Permeabilität wächst mit der magnetischen Flußdichte zunächst stark bis zur Maximalpermeabilität an und nimmt danach bis auf 1 ab.

Wertetafeln zur Physik

Wellenlängen und Frequenzen einiger Spektrallinien

Stoff	λ in nm	f in $10^{14}\,s^{-1}$	Lichtfarbe
Wasserstoff (Balmerserie)	656	4,57	Rot
	486	6,17	Blau
	434	6,91	Indigo
	410	7,32	Violett
	397	7,56	Violett
	389	7,71	UV
Helium	707	4,24	Rot
	668	4,49	Rot
	588	5,10	Gelb
	502	5,98	Grün
	492	6,10	Grün
	471	6,37	Blau
	447	6,71	Indigo
Natrium	590	5,08	Gelb
	589	5,09	Gelb
Quecksilber	579	5,18	Gelb
	577	5,20	Gelb
	546	5,49	Grün
	491	6,11	Blau
	436	6,88	Indigo
	408	7,35	Violett
	405	7,41	Violett
	365	8,22	UV
	313	9,58	UV
	254	11,8	UV

Kernstrahlung

Radionuklid	Art der Strahlung	Halbwertszeit t/Jahre	Energie* in MeV
Natrium-22	β^+	2,6	0,54
	γ		1,28
Cobalt-60	γ	5,3	1,17; 1,33
	β^-		0,3
Krypton-85	β^-	10,6	0,67
Caesium-137	γ	30	0,66
	β^-		0,51
Blei-210 (Ra-D)	α	22	5,3
	β^-		0,5
	γ		0,05
Plutonium-236	α	2,7	5,01
Americium-241	α	458	5,5
	γ		0,06

* Bei der β-Strahlung ist die maximale Energie angegeben.

Physikalische Formeln

Statik

Druck	$p = \dfrac{F}{A}$
Gewichtskraft	$F_G = m \cdot g$
Drehmoment	$M = F \cdot r$ Bedingung: $\vec{r} \perp \vec{F}$
Gleichgewichts-bedingung	– für einen Massepunkt $\sum_{k=1}^{n} \vec{F}_k = \vec{0}$ – für einen drehbaren starren Körper $\sum_{k=1}^{n} \vec{M}_k = \vec{0}$

Zusammensetzung von zwei Kräften $\vec{F_1}$ und $\vec{F_2}$

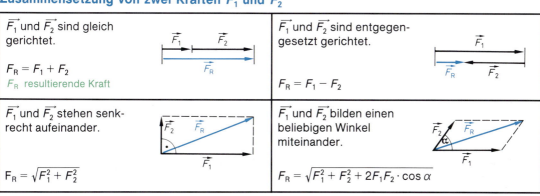

$\vec{F_1}$ und $\vec{F_2}$ sind gleich gerichtet. $F_R = F_1 + F_2$ F_R resultierende Kraft	$\vec{F_1}$ und $\vec{F_2}$ sind entgegengesetzt gerichtet. $F_R = F_1 - F_2$
$\vec{F_1}$ und $\vec{F_2}$ stehen senkrecht aufeinander. $F_R = \sqrt{F_1^2 + F_2^2}$	$\vec{F_1}$ und $\vec{F_2}$ bilden einen beliebigen Winkel miteinander. $F_R = \sqrt{F_1^2 + F_2^2 + 2F_1 F_2 \cdot \cos \alpha}$

Kraftumformende Einrichtungen

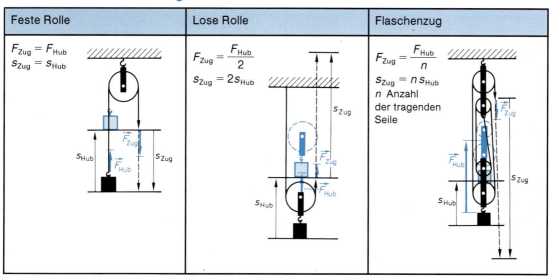

Feste Rolle	Lose Rolle	Flaschenzug
$F_{Zug} = F_{Hub}$ $s_{Zug} = s_{Hub}$	$F_{Zug} = \dfrac{F_{Hub}}{2}$ $s_{Zug} = 2 s_{Hub}$	$F_{Zug} = \dfrac{F_{Hub}}{n}$ $s_{Zug} = n\, s_{Hub}$ n Anzahl der tragenden Seile

Physikalische Formeln

Kraftumformende Einrichtungen (Forts.)

Hebel	Geneigte Ebene	Goldene Regel der Mechanik
$\dfrac{F_1}{F_2} = \dfrac{l_2}{l_1}$ l_1, l_2 Länge der Kraftarme	$\dfrac{F_H}{F_G} = \dfrac{h}{l}$ $F_H = F_G \cdot \sin \alpha$ F_H Hangabtriebskraft	$F_1 \cdot s_1 = F_2 \cdot s_2$

Kinematik

Geschwindigkeit	Gleichförmige Bewegung $v = \dfrac{\Delta s}{\Delta t}$; $v = \dfrac{s}{t}$ Ungleichförmige Bewegung $\bar{v} = \dfrac{\Delta s}{\Delta t}$ $\bar{v}$ Durchschnittsgeschwindigkeit
Beschleunigung	Gleichmäßig beschleunigte Bewegung $a = \dfrac{\Delta v}{\Delta t}$; $a = \dfrac{v}{t}$ Ungleichmäßig beschleunigte Bewegung $\bar{a} = \dfrac{\Delta v}{\Delta t}$ $\bar{a}$ mittlere Beschleunigung
Winkelgeschwindigkeit	Gleichförmige Kreisbewegung $\omega = \dfrac{\sigma}{t}$ Ungleichförmige Kreisbewegung $\bar{\omega} = \dfrac{\Delta \sigma}{\Delta t}$; $\omega = \dfrac{d\sigma}{dt}$
Winkelbeschleunigung	Gleichförmige Kreisbewegung $\alpha = \dfrac{\omega}{t}$ Ungleichförmige Kreisbewegung $\bar{\alpha} = \dfrac{\Delta \omega}{\Delta t}$; $\alpha = \dfrac{d\omega}{dt}$
Drehzahl	Drehbewegung $n = \dfrac{1}{T}$ T Umlaufzeit

Zusammensetzung von zwei Geschwindigkeiten $\vec{v}_1$ und $\vec{v}_2$

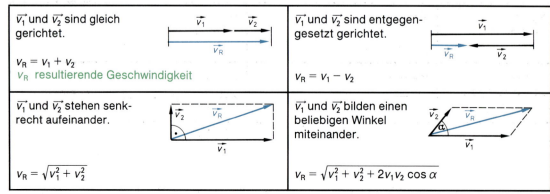

$\vec{v}_1$ und $\vec{v}_2$ sind gleich gerichtet. $v_R = v_1 + v_2$ v_R resultierende Geschwindigkeit	$\vec{v}_1$ und $\vec{v}_2$ sind entgegengesetzt gerichtet. $v_R = v_1 - v_2$
$\vec{v}_1$ und $\vec{v}_2$ stehen senkrecht aufeinander. $v_R = \sqrt{v_1^2 + v_2^2}$	$\vec{v}_1$ und $\vec{v}_2$ bilden einen beliebigen Winkel miteinander. $v_R = \sqrt{v_1^2 + v_2^2 + 2 v_1 v_2 \cos \alpha}$

Physikalische Formeln

Bewegungsgesetze

	Gleichförmige Bewegung	Gleichmäßig beschleunigte Bewegung
Weg	$s = v \cdot t + s_0$ $s = v \cdot t \quad (s_0 = 0)$	$s = \dfrac{a}{2} \cdot t^2 + v_0 \cdot t + s_0$ $s = \dfrac{a}{2} \cdot t^2 = \dfrac{v \cdot t}{2} \quad (s_0 = 0; v_0 = 0)$ allg.: $s = \displaystyle\int_{t_1}^{t_2} v\,dt$
Geschwindigkeit	$v = \dfrac{s}{t}; \quad v = \text{konst.}$ Kreisbewegung Bahngeschwindigkeit $v = \dfrac{s}{t} = \dfrac{2\pi \cdot r}{T}; \quad v = \omega \cdot r$	$v = a \cdot t + v_0$ $v = a \cdot t = \sqrt{2a \cdot s} \quad (s_0 = 0; v_0 = 0)$ allg.: $v = \displaystyle\int_{t_1}^{t_2} a\,dt; \quad v = \dfrac{ds}{dt}$
Beschleunigung	$a = 0$ Kreisbewegung Tangentenbeschleunigung $a_t = 0$ Radialbeschleunigung $a_r = \dfrac{v^2}{r} = \omega^2 \cdot r$	$a = \dfrac{v}{t}; \quad a = \text{konst.}$ Kreisbewegung Tangentenbeschleunigung $a_t = \alpha \cdot r$ allg.: $a = \dfrac{dv}{dt}; \quad a = \dfrac{d^2s}{dt^2}$
Weg-Zeit-Gesetz	$s = v \cdot t + s_0$	$s = \dfrac{a}{2} \cdot t^2 + v_0 \cdot t + s_0$
Ort-Zeit-Gesetz	$x = v_x \cdot t + x_0$	$x = \dfrac{a_x}{2} \cdot t^2 + v_{0_x} \cdot t + x_0$
Geschwindigkeit-Zeit-Gesetz	$v = \text{konst.}$	$v = a \cdot t$
	Gleichförmige Rotation	Gleichmäßig beschleunigte Rotation
Drehwinkel	$\sigma = \omega \cdot t + \sigma_0$	$\sigma = \dfrac{\alpha}{2} \cdot t^2 + \omega_0 \cdot t + \sigma_0$ $\sigma = \dfrac{\alpha}{2} \cdot t^2 = \dfrac{\omega \cdot t}{2} \quad (\omega_0 = 0; \sigma_0 = 0)$
Winkelgeschwindigkeit	$\omega = \text{konst.}$ $\omega = \dfrac{\sigma}{t} = \dfrac{2 \cdot \pi}{T} = 2\pi \cdot n; \quad \omega = \dfrac{v}{r}$	$\omega = \alpha \cdot t + \omega_0$ $\omega = \alpha \cdot t \quad (\omega_0 = 0)$
Winkelbeschleunigung	$\alpha = 0$	$\alpha = \text{konst.}$ $\alpha = \dfrac{\omega}{t}; \quad \alpha = \dfrac{a}{r}$

Physikalische Formeln

Analoge Größen der Translation und Rotation

Translation	Rotation	Zusammenhang
Weg s Geschwindigkeit v Beschleunigung a	Drehwinkel σ Winkelgeschwindigkeit ω Winkelbeschleunigung α	$s = \sigma \cdot r$ $v = \omega \cdot r$ $a = \alpha \cdot r$

Wurfbewegung

Senkrechter Wurf

	nach oben	nach unten
Ort-Zeit-Gesetz	$y = v_0 \cdot t - \dfrac{g}{2} t^2$	$y = -v_0 \cdot t - \dfrac{g}{2} t^2$
Geschwindigkeit-Zeit-Gesetz	$v = v_0 - g \cdot t$	$v = -v_0 - g \cdot t$
Steigzeit	$t_h = \dfrac{v_0}{g}$	
Steighöhe	$s_h = \dfrac{v_0^2}{2g}$	

Waagerechter Wurf

Ort-Zeit-Gesetz	$x = v_0 \cdot t; \quad y = -\dfrac{g}{2} t^2$	
Geschwindigkeit-Zeit-Gesetz	$v = \sqrt{v_0^2 + g^2 \cdot t^2}$	
Wurfparabel	$y = -\dfrac{g}{2v_0^2} x^2$	

Schräger Wurf

Ort-Zeit-Gesetz	$x = v_0 \cdot t \cdot \cos\alpha; \quad y = -\dfrac{g}{2} t^2 + v_0 \cdot t \cdot \sin\alpha$
Geschwindigkeit-Zeit-Gesetz	$v = \sqrt{v_0^2 + g^2 \cdot t^2 - 2v_0 \cdot g \cdot t \cdot \sin\alpha}$
Wurfparabel	$y = -\dfrac{g}{2} \cdot \dfrac{x^2}{v_0^2 \cdot \cos^2\alpha} + x \cdot \tan\alpha$
Wurfweite s_w Wurfhöhe s_h Steigzeit t_h	$s_w = \dfrac{v_0^2 \cdot \sin 2\alpha}{g}; \quad s_h = \dfrac{v_0^2 \cdot \sin^2\alpha}{2g}; \quad t_h = \dfrac{v_0 \cdot \sin\alpha}{g} \qquad (v_0 = 0)$

Physikalische Formeln

Dynamik

Grundgesetz der Dynamik
für die Translation $\vec{F} = m \cdot \vec{a}$ für die Rotation $\vec{M} = \vec{J} \cdot \alpha$

Kreisbewegung eines Massepunktes

Radialbeschleunigung	Radialkraft
$a_r = \dfrac{v^2}{r}$	$F_r = \dfrac{m \cdot v^2}{r} = m \cdot a_r ; \quad F = \dfrac{4\pi^2 \cdot m \cdot r}{T^2}$

Rotation eines starren Körpers

Drehmoment $M = F \cdot r$ (für $\vec{F} \perp \vec{r}$) ;   **Trägheitsmoment** $J = \int r^2 \, dm$;   **Drehimpuls** $\vec{L} = \vec{J} \cdot \omega$

Körper	Trägheitsmoment	
Massepunkt		$J = m \cdot r^2$
Dünner Kreisring		$J = m \cdot r^2$
Vollzylinder		$J = \dfrac{1}{2} m \cdot r^2$
Hohlzylinder		$J = \dfrac{1}{2} m (r_a^2 + r_i^2)$
Kugel		$J = \dfrac{2}{5} m \cdot r^2$

Reibungskraft

Gleitreibung	Rollreibung
$F_R = \mu \cdot F_N$ (Auf waagerechter Bahn gilt: $F_N = F_G$) F_R Reibungskraft F_N Normalkraft μ Reibungszahl der Gleitreibung	$F_R = \mu_r \cdot \dfrac{F_N}{r}$ μ_r Reibungszahl der Rollreibung r Radius des rollenden Körpers

Arbeit, Energie

Mechanische Arbeit		
	$W = F \cdot s$	Wenn $F = $ konst.; $\sphericalangle (\vec{F}; \vec{s}) = 0$
	$W = F \cdot s \cdot \cos \alpha$	Wenn $F = $ konst.; $\sphericalangle (\vec{F}; \vec{s}) = \alpha \neq 0$
	$W = \int_{s_1}^{s_2} F(s) \, ds$	Wenn $F \neq $ konst.; $\sphericalangle (\vec{F}; \vec{s}) = 0$

Physikalische Formeln

Hubarbeit	$W_{Hub} = F_G \cdot s_{Hub}$; $W_{Hub} = m \cdot g \cdot h$
Reibungsarbeit	$W_R = F_R \cdot s$; $W_R = \mu \cdot F_N \cdot s$
Beschleunigungsarbeit	$W_B = m \cdot a \cdot s$; $W_B = F_B \cdot s$ F_B beschleunigende Kraft
Federspannarbeit	$W_F = \frac{1}{2} F_E \cdot s$; $W_F = \frac{1}{2} k \cdot s^2$ F_E Endkraft; k Federkonstante
Hockesches Gesetz	$F = k \cdot s$
Arbeit im Gravitationsfeld	$W_G = \gamma \cdot m_1 \cdot m_2 \left(\frac{1}{r_1} - \frac{1}{r_2}\right)$

Mechanische Energie

Potentielle Energie		Kinetische Energie	
im erdnahen Gravitationsfeld	einer gespannten Feder	Translation	Rotation
$E_{pot} = F_G \cdot h$ $E_{pot} = m \cdot g \cdot h$	$E_{pot} = \frac{1}{2} F_E \cdot s$ $E_{pot} = \frac{1}{2} k \cdot s^2$	$E_{kin} = \frac{m \cdot v^2}{2}$	$E_{kin} = \frac{1}{2} J \cdot \omega^2$

Gesetz von der Erhaltung der mechanischen Energie

In einem abgeschlossenen reibungsfreien mechanischen System gilt:
$E_{ges} = E_{pot} + E_{kin} =$ konst.; $E_{pot, a} + E_{kin, a} = E_{pot, e} + E_{kin, e}$
$E_{pot, a}$ potentielle Energie am Anfang der Energieumwandlung
$E_{kin, e}$ kinetische Energie am Ende der Energieumwandlung

Zusammenhang Arbeit–Energie	$W = \Delta(E_{pot} + E_{kin})$; $W = E_{mech, e} - E_{mech, a}$

Leistung

Leistung	$P = \frac{W}{t}$ (für $W =$ konst.); $P = F \cdot v$ (für $v =$ konst.)
Wirkungsgrad	$\eta = \frac{E_{nutz.}}{E_{aufgew.}}$; $\eta = \frac{P_{nutz}}{P_{zu}}$ $E_{nutz.}$ nutzbare Energie P_{nutz} Nutzleistung $E_{aufgew.}$ aufgewandte Energie P_{zu} zugeführte Leistung

Stoßvorgänge

Kraftstoß	$S = \bar{F} \cdot \Delta t$ $\bar{F}$ mittlere Kraft $S = F \cdot \Delta t$ für $F =$ konst.
Impuls	$p = m \cdot v$

Physikalische Formeln

Gesetz von der Erhaltung des Impulses
- für ein abgeschlossenes mechanisches System: $\sum_{k=1}^{n} \vec{p}_k = \text{konst.}$
- für ein abgeschlossenes mechanisches System aus zwei Körpern: $m_1 \cdot \vec{v}_1 + m_2 \cdot \vec{v}_2 = m_1 \cdot \vec{u}_1 + m_2 \cdot \vec{u}_2$

Zusammenhang zwischen Kraftstoß S und Impuls p
$S = \Delta p = \Delta(m \cdot v)$; $\bar{F} \cdot \Delta t = \Delta(m \cdot v)$

Stoßarten

	Elastischer Stoß (gerade, zentral)
Impuls Energie Geschwindig- keiten nach dem Stoß	$m_1 \cdot \vec{v}_1 + m_2 \cdot \vec{v}_2 = m_1 \cdot \vec{u}_1 + m_2 \cdot \vec{u}_2$ $E_{\text{kin, a}} = E_{\text{kin, e}}$; $\Delta E_{\text{kin}} = 0$ $u_1 = \dfrac{(m_1 - m_2)v_1 + 2m_2 \cdot v_2}{m_1 + m_2}$ $\quad u_2 = \dfrac{(m_2 - m_1)v_2 + 2m_1 \cdot v_1}{m_1 + m_2}$
	Unelastischer Stoß (gerade, zentral)
Impuls Energie Geschwindigkeit nach dem Stoß	$m_1 \cdot \vec{v}_1 + m_2 \cdot \vec{v}_2 = (m_1 + m_2)\vec{u}$ $E_{\text{kin, a}} > E_{\text{kin, e}}$ $\Delta E_{\text{kin}} = \dfrac{1}{2}(m_1 \cdot v_1^2 + m_2 \cdot v_2^2) - \dfrac{1}{2}u^2(m_1 + m_2)$ $u = \dfrac{m_1 \cdot v_1 + m_2 \cdot v_2}{m_1 + m_2}$

Gravitation

Gravitationsgesetz (Gravitationskraft)	$F = \gamma \cdot \dfrac{m_1 \cdot m_2}{r^2}$ $\quad$ γ Gravitationskonstante
Arbeit im Gravitationsfeld	$W_G = \gamma \cdot m_1 \cdot m_2 \left(\dfrac{1}{r_1} - \dfrac{1}{r_2} \right)$

Keplersche Gesetze

Erstes Keplersches Gesetz	Alle Planeten bewegen sich auf Ellipsenbahnen, in deren einem Brennpunkt die Sonne steht.
Zweites Keplersches Gesetz	$\dfrac{\Delta A}{\Delta t} = \text{konst.}$ $\dfrac{\Delta A_1}{\Delta t_1} = \dfrac{\Delta A_2}{\Delta t_2}$
Drittes Keplersches Gesetz	$\dfrac{T_1^2}{T_2^2} = \dfrac{a_1^3}{a_2^3}$ $\quad$ T Umlaufzeit a große Halbachse der Planetenbahn

Physikalische Formeln

Kosmische Geschwindigkeiten

1	Kreisbahngeschwindigkeit, Bahngeschwindigkeit von Satelliten	$v_k = \sqrt{\dfrac{\gamma \cdot m}{r}}$; $v_{k,\text{Erde}} = 7{,}9 \text{ km} \cdot \text{s}^{-1}$
2	Parabelbahngeschwindigkeit	$v_p = \sqrt{\dfrac{2\gamma \cdot m}{r}}$; $v_{p,\text{Erde}} = 11{,}2 \text{ km} \cdot \text{s}^{-1}$

Mechanik der Flüssigkeiten und Gase

Gasdruck	Dichte	Kolbendruck	Schweredruck	Auflagedruck	Auftriebskraft
$p = \dfrac{F}{A}$ $(F \perp A)$	$\varrho = \dfrac{m}{V}$	$p = \dfrac{F}{A}$ $(F \perp A)$	$p = \dfrac{F_G}{A} = h \cdot \varrho \cdot g$	$p = \dfrac{F}{A}$	$F_A = \varrho \cdot V \cdot g$

Hydraulische Anlagen

$\dfrac{F_P}{F_A} = \dfrac{A_P}{A_A}$ (bei Vernachlässigung der Reibung)

F_P Kraft am Pumpenkolben
A_P Fläche des Pumpenkolbens
F_A Kraft am Arbeitskolben
A_A Fläche des Arbeitskolbens

Stationäre Strömung

$\dfrac{A_1}{A_2} = \dfrac{v_2}{v_1}$

Barometrische Höhenformel

$p = p_0 \cdot e^{-0{,}125 \cdot h}$

p Druck
e Eulersche Zahl

Spezielle Relativitätstheorie

Galileitransformation	$x = x' + v \cdot t$; $y = y'$; $z = z'$; $t = t'$
Lorentz-Transformation	$x = \dfrac{x' + v \cdot t'}{\sqrt{1 - \dfrac{v^2}{c^2}}}$; $t = \dfrac{t' + x' \cdot \dfrac{v}{c^2}}{\sqrt{1 - \dfrac{v^2}{c^2}}}$; $y = y'$, $z = z'$
Relativistisches Additionsgesetz für Geschwindigkeiten	$v = \dfrac{v' + u}{1 + \dfrac{v' \cdot u}{c^2}}$
Relativistische Masse	$m = \dfrac{m_0}{\sqrt{1 - \dfrac{v^2}{c^2}}}$ m_0 Ruhmasse

Masse-Energie Beziehung	$E = m \cdot c^2$; $E_0 = m_0 \cdot c^2$; $\Delta E = \Delta m_0 \cdot c^2$	Gesamtenergie	$E \approx m_0 \cdot c^2 + \dfrac{1}{2} m_0 \cdot v^2$
Zeitdilation	$t = \dfrac{t'}{\sqrt{1 - \dfrac{v^2}{c^2}}}$; $t > t'$	Längenkontraktion	$l = l' \sqrt{1 - \dfrac{v^2}{c^2}}$; $l < l'$

Physikalische Formeln → 69

Gleichstrom

Elektrische Stromstärke	$I = \dfrac{Q}{t}$
Elektrische Spannung	$U = \dfrac{W}{Q}$
Elektrischer Widerstand	$R = \dfrac{U}{I}$
Ohmsches Gesetz (bei konst. Temperatur)	$U \sim I$; $R = $ konst.
Widerstandsgesetz (bei konst. Temperatur)	$R = \dfrac{\varrho \cdot l}{A}$ ϱ spezifischer elektrischer Widerstand
Elektrische Arbeit (Joulesches Gesetz)	$W_{el} = U \cdot I \cdot t$; $W_{el} = I^2 \cdot R \cdot t$; $W_{el} = \dfrac{U^2 \cdot t}{R}$; $W_{el} = U \cdot Q$
Elektrische Leistung	$P_{el} = U \cdot I$; $P_{el} = I^2 \cdot R$; $P_{el} = \dfrac{U^2}{R}$

Stromkreisarten

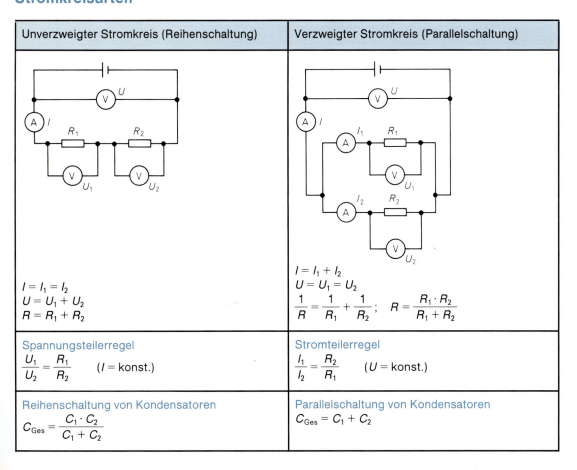

Unverzweigter Stromkreis (Reihenschaltung)	Verzweigter Stromkreis (Parallelschaltung)
$I = I_1 = I_2$ $U = U_1 + U_2$ $R = R_1 + R_2$	$I = I_1 + I_2$ $U = U_1 = U_2$ $\dfrac{1}{R} = \dfrac{1}{R_1} + \dfrac{1}{R_2}$; $R = \dfrac{R_1 \cdot R_2}{R_1 + R_2}$
Spannungsteilerregel $\dfrac{U_1}{U_2} = \dfrac{R_1}{R_2}$ ($I = $ konst.)	**Stromteilerregel** $\dfrac{I_1}{I_2} = \dfrac{R_2}{R_1}$ ($U = $ konst.)
Reihenschaltung von Kondensatoren $C_{Ges} = \dfrac{C_1 \cdot C_2}{C_1 + C_2}$	**Parallelschaltung von Kondensatoren** $C_{Ges} = C_1 + C_2$

Physikalische Formeln

Elektrostatisches Feld

Elektrische Ladung	– allgemein	$Q = \int_{t_1}^{t_2} I \cdot dt$
	– für I = konst.	$Q = I \cdot t$
Kraft zwischen Ladungen (Coulombsches Gesetz)	$F = \dfrac{1}{4\pi \cdot \varepsilon} \cdot \dfrac{Q_1 \cdot Q_2}{r^2}$	ε Dielektrizitätskonstante
Dielektrizitätskonstante	$\varepsilon = \varepsilon_0 \cdot \varepsilon_r$	ε_0 elektrische Feldkonstante ε_r relative Dielektrizitätskonstante
Elektrische Feldstärke	– allgemein	$\vec{E} = \dfrac{\vec{F}}{Q}$
	– im homogenen Feld eines Plattenkondensators	$E = \dfrac{U}{s}$
	– im Abstand r von einer Punktladung Q	$E = \dfrac{Q}{4\pi \cdot \varepsilon \cdot r^2}$
Kapazität eines Kondensators	– allgemein	$C = \dfrac{Q}{U}$
	– für einen Plattenkondensator	$C = \varepsilon \cdot \dfrac{A}{s}$
	A Fläche der Platten; s Abstand der Platten	
Kinetische Energie eines Ladungsträgers	– im Vakuum	$E_{kin} = n \cdot e \cdot U$
	– nach der Beschleunigung in einem elektrischen Feld	$E_{kin} = Q \cdot U$

Magnetostatisches Feld

Magnetische Flußdichte	– allgemein	$B = \dfrac{F}{I \cdot l} = \dfrac{F}{Q \cdot v}$
	– bei homogenem Feld im Innern einer Spule	$B = \mu \cdot I \cdot \dfrac{N}{l}$
Permeabilität	$\mu = \mu_0 \cdot \mu_r$ μ_0 magnetische Feldkonstante μ_r relative Permeabilität	
Kraft auf stromdurchflossenen Leiter	$F = I \cdot l \cdot B$ für $\vec{F} \perp \vec{B}$	
Kraft auf einen beweglichen Ladungsträger (Lorentzkraft)	für $\vec{B} \perp \vec{v}$ $\vec{F} \perp \vec{v}$ $F_L = n \cdot e \cdot v \cdot B$	

Elektromagnetisches Feld

Induktionsgesetz	$U_{ind} = \dfrac{d\Phi}{dt};$ $U_{ind} = \dfrac{d(B \cdot A)}{dt}$
	– für B = konst. $U_{ind} = B \cdot \dfrac{dA}{dt}$
	– für A = konst. $U_{ind} = A \cdot \dfrac{dB}{dt}$

Physikalische Formeln → 71

Elektromagnetisches Feld

Selbstinduktions-spannung	$U_{ind} = L \dfrac{dI}{dt}$
Induktivität	$L = \mu \cdot \dfrac{N^2}{l} \cdot A_0$
Magnetischer Fluß	$\Phi = B \cdot A$

A wirksame Fläche der Induktionsspule
$A = N \cdot A_0 \cdot \cos \alpha$
A_0 Fläche der einzelnen Windung
N Windungszahl
α Winkel, den die Fläche A_0 mit der Ebene bildet, die senkrecht zu B liegt

Fläche A_0 einer einzelnen Wirkung
wirksame Fläche A dieser Windung

Leitungsvorgänge in Festkörpern und Flüssigkeiten

Hall-Spannung	$U_H = R_H \cdot \dfrac{I \cdot B}{d}$ $R_H = \dfrac{1}{n \cdot e}$	I Stromstärke des Gleichstroms durch die Folie B magnetische Flußdichte senkrecht zur Folie d Dicke des Leiterbandes R_H Hall-Konstante n Elektronendichte e Elementarladung
1. Faradaysches Gesetz	$m = c \cdot I \cdot t$	m Masse c elektrochemisches Äquivalent I Stromstärke t Zeit
2. Faradaysches Gesetz	$Q = n \cdot z \cdot F$ $F = N_A \cdot e$	Q Ladung n Stoffmenge z Wertigkeit des Stoffes F Faraday-Konstante N_A Avogadro-Konstante

Wechselstrom

Momentanwert der Wechsel-spannung bzw. Wechselstromstärke	$u = U_{max} \cdot \sin(\omega \cdot t)$; $i = i_{max} \cdot \sin(\omega \cdot t)$
Effektivwert der Wechselspannung bzw. Wechselstromstärke	$U = \dfrac{1}{2}\sqrt{2} \cdot u_{max} \approx 0{,}707 \cdot u_{max}$; $I = \dfrac{1}{2}\sqrt{2} \cdot i_{max} \approx 0{,}707 \cdot i_{max}$

ω Kreisfrequenz
u_{max} (i_{max}) Maximalwert der Wechselspannung (bzw. -stromstärke)

Physikalische Formeln

Wechselstrom

Ohmscher Widerstand R	Induktiver Widerstand X_L	Kapazitiver Widerstand X_C
$R = \dfrac{U}{I}$	$X_L = \omega \cdot L$; $X_L = \dfrac{U}{I}$ dabei $\varphi = \dfrac{\pi}{2}$ φ Phasenverschiebung	$X_C = \dfrac{1}{\omega \cdot C}$; $X_C = \dfrac{U}{I}$ dabei $\varphi = -\dfrac{\pi}{2}$

Scheinwiderstand bei Reihenschaltung	$Z = \sqrt{R^2 + (X_L - X_C)^2}$	
Blindwiderstand bei Reihenschaltung	$X = \omega \cdot L - \dfrac{1}{\omega \cdot C}$	
Scheinleistung	$P_s = U \cdot I$	
Scheinarbeit	$W_s = P_s \cdot t = U \cdot I \cdot t$	
Tangens der Phasenverschiebung	$\tan \varphi = \dfrac{X_L - X_C}{R}$	
Leistungsfaktor	$\cos \varphi = \dfrac{P_W}{P_s}$	
Wirkleistung	$P_W = U \cdot I \cdot \cos \varphi = P_s \cdot \cos \varphi$	
Wirkarbeit	$W_W = P_W \cdot t = U \cdot I \cdot t \cdot \cos \varphi$	

Transformator

Spannungsverhältnis	• am unbelasteten Transformator	$\dfrac{U_1}{U_2} = \dfrac{N_1}{N_2}$
Stromstärkeverhältnis	• am belasteten Transformator	$\dfrac{I_1}{I_2} = \dfrac{N_2}{N_1}$

U_1 Primärspannung
U_2 Sekundärspannung
I_1 Primärstromstärke
I_2 Sekundärstromstärke
N_1 Windungszahl der Primärspule
N_2 Windungszahl der Sekundärspule

Thermodynamik

Grundgleichung der Wärmelehre Berechnung der Wärme (Wärmemenge)	$Q = m \cdot c \cdot \Delta t$	c spezifische Wärmekapazität m Masse Δt Temperaturänderung
spezifische Wärmekapazität • einatomiger Gase • zweiatomiger Gase	$c_V = {}^3\!/\!_2\, R$ $c_p = {}^5\!/\!_2\, R$ $c_V = {}^5\!/\!_2\, R$ $c_p = {}^7\!/\!_2\, R$	c_p für p = konstant c_V für V = konstant R universelle Gaskonstante

Physikalische Formeln — 73

Thermodynamik

Wärmekapazität eines Körpers bei • konstantem Volumen • konstantem Druck	$C_V = \dfrac{\Delta U}{\Delta t}$ $C_p = \dfrac{\Delta U + W}{\Delta t}$	für $V =$ konstant für $p =$ konstant
Leistung von Wärmequellen	$P_{th} = Q_{ab}/t$	Q_{ab} abgegebene Wärme t Zeit
Wirkungsgrad	$\eta = Q_{ab}/Q_{zu}$	Q_{zu} zugeführte Wärme
Thermischer Wirkungsgrad beim Carnot-Prozeß	$\eta = \dfrac{Q_{ab} + Q_{zu}}{Q_{zu}}$	T_{zu} Temperatur, bei der die Wärme zugeführt wird T_{ab} Temperatur, bei der die Wärme abgegeben wird
Volumenarbeit • bei konstantem Druck $W_v = -p(V_e - V_a)$ • bei veränderlichem Druck $W_v = -\sum\limits_{i=1}^{n} \bar{p}_i \cdot \Delta V_i$		
Erster Hauptsatz der Thermodynamik	$\Delta U = Q + W \qquad U_e - U_a = Q + W$	
Zweiter Hauptsatz	$\Delta S \geqq 0$ für reversible Prozesse $\Delta S = 0$ für irreversible Prozesse $\Delta S > 0$	
Innere Energie	$U = N \cdot E_{kin}$ $\Delta U = U_2 - U_1 = W$	U innere Energie N Anzahl der Teilchen E_{kin} mittlere kinetische Energie der Teilchen
Enthalpie (Wärmeinhalt)	$H = U + p \cdot V$	H Enthalpie p Druck V Volumen
Entropie (Irreversibilität von Zustandsänderungen)	$\Delta S = \dfrac{Q_{rev}}{T}$ $\Delta S = k \cdot \ln W$	ΔS Entropieänderung Q_{rev} reversibel aufgenommene Wärme T Temperatur W Wahrscheinlichkeit für das Eintreten des von selbst ablaufenden umgekehrten Prozesses k Boltzmann-Konstante
Enthalpie (freie)	$G = H - T \cdot S$	

Physikalische Formeln

Wärmeübertragung, Wärmeaustausch

Wärmeleitung (für Δt = konstant)	$Q = \dfrac{\lambda \cdot A \cdot t \cdot \Delta t}{l}$ Q Wärme λ Wärmeleitfähigkeit A Querschnittsfläche $\quad t$ Zeit	Δt Temperaturdifferenz l Länge des Leiters
Wärmestrom	$\varphi = \dfrac{Q}{t}$	
Wärmeübertragung (für Δt = konstant)	$Q = \alpha \cdot A \cdot t \cdot \Delta t$	α Wärmeübergangskoeffizient
Wärmeaustausch	$Q_{zu} = Q_{ab}$	Q_{zu} zugeführte Wärme Q_{ab} abgegebene Wärme
Richmannsche Mischungsregel (ohne Änderung des Aggregatzustandes)	$T_m = \dfrac{m_A \cdot c_{p,A} \cdot T_{a,A} + m_B \cdot c_{p,B} \cdot T_{a,B}}{m_A \cdot c_{p,A} + m_B \cdot c_{p,B}}$ T_m Mischungstemperatur $T_{a,A}$ $T_{a,B}$ Ausgangstemperaturen der Körper	$c_{p,A}$ spezifische Wärmekapazität $c_{p,B}$ der Stoffe m_A m_B Masse der Stoffe

Feste Stoffe und Flüssigkeiten

Spezifische Schmelzwärme	$q_S = \dfrac{Q_S}{m}$	Q_S Schmelzwärme
Spezifische Verdampfungswärme	$q_V = \dfrac{Q_V}{m}$	Q_V Verdampfungswärme
Druckabhängigkeit der Siedetemperatur	$\Delta T = \psi(p - 101{,}325 \text{ kPa})$	ΔT Änderung der Siedetemperatur ψ Druckkoeffizient der Siedetemperatur
Längenänderung	$\Delta l = \alpha \cdot l \cdot \Delta T$	α linearer Ausdehnungskoeffizient
Länge eines Körpers	$l \approx l_0(1 + \alpha \cdot \Delta T)$	
Volumenänderung	$\Delta V = \gamma \cdot V \cdot \Delta T \qquad \gamma \approx 3\alpha$	γ kubischer Ausdehnungskoeffizient
Volumen eines Körpers	$V \approx V_0(1 + \gamma \cdot \Delta T)$	

Kinetische Gastheorie

Anzahl der Gasteilchen	$N = N_A \cdot n$	N Anzahl der Gasteilchen N_A Avogadro-Konstante $\quad n$ Stoffmenge
Molares Volumen	$V_m = \dfrac{V}{n}$	V_m molares Volumen V Volumen
Molare Masse	$M = \dfrac{m}{n}$	M molare Masse m Masse
Masse eines Teilchens	$m_T = \dfrac{m}{n}$	

Physikalische Formeln

Kinetische Gastheorie

Mittlere kinetische Energie der Moleküle	$\bar{E}_{kin} = \dfrac{\sum\limits_{i=1}^{n} N_i \cdot \bar{E}_i}{N}$ $\quad$ N Teilchenanzahl $\quad$ $\bar{E}_i$ mittlere Energie im jeweiligen Intervall
Innere Energie des idealen Gases	$U = N \cdot \bar{E}_{kin}$
Druck-Volumen-Gesetz	$p \cdot V = \dfrac{2}{3} N \cdot \bar{E}_{kin} = \dfrac{1}{3} N \cdot m \cdot v^2$
Mittlere Geschwindigkeit der Moleküle des idealen Gases	$\bar{v} \approx \sqrt{\dfrac{3p}{\varrho}} \; ; \quad \bar{v} = \sqrt{3R \cdot T}$
Zusammenhang zwischen der mittleren kinetischen Energie der Moleküle und der Temperatur	$\dfrac{1}{2} m \cdot \bar{v}^2 = \dfrac{3}{2} k \cdot T$ k Boltzmann-Konstante

Ideales Gas

Normzustand des idealen Gases	$T_n = 273{,}15$ K $\quad\quad$ T_n Normtemperatur $p_n = 1{,}01325$ bar $= 1{,}10325 \cdot 10^5$ kPa $\quad$ p_n Normdruck $V_{n,m} = 2{,}2415 \cdot 10^2$ m$^3 \cdot$ mol^{-1} $\quad$ $V_{n,m}$ molares Normvolumen $\kappa = 1/273{,}15$ K $\quad\quad$ κ Volumenausdehnungskoeffizient
Thermische Zustandsgleichung für eine abgeschlossene Gasmenge ($n, R =$ konst.)	$p \cdot V = n \cdot R \cdot T$ $\quad$ R spezifische Gaskonstante $\dfrac{p \cdot V}{T} =$ konst.
Universelle (molare) Gaskonstante	$R_m = \dfrac{p_n \cdot V_{m,n}}{T_n} = 8{,}314$ J $\cdot$ k$^{-1} \cdot$ mol^{-1}
Isotherme Zustandsänderung ($T =$ konst.) Gesetz von Boyle-Mariotte	$p \cdot V =$ konst. $\quad$ Wegen $\Delta U = 0$ gilt: $p_a \cdot V_a = p_e \cdot V_e \quad -W_V = Q$.
Isochore Zustandsänderung ($V =$ konst.) Gesetz von Amontos	$\dfrac{p}{T} =$ konst. $\quad$ Wegen $W_V = 0$ gilt: $\dfrac{p_a}{T_a} = \dfrac{p_e}{T_e} \quad U_e - U_a = Q$.
Isobare Zustandsänderung ($p =$ konst.) Gesetz von Gay-Lussac	$\dfrac{V}{T} =$ konst. $\dfrac{V_a}{T_a} = \dfrac{V_e}{T_e} \quad U_e - U_a = Q + W_V$
Adiabatische Zustandsänderung Gesetz von Poisson	$p \cdot V^\kappa =$ konst. $\quad$ Wegen $Q = 0$ gilt: $\quad \kappa = c_V/c_p$ $U_e - U_a = W_V \quad\quad \kappa = 1{,}67 \quad$ für einatomige Gase $\quad\quad\quad\quad\quad\quad\quad\quad\quad\quad \kappa = 1{,}41 \quad$ für zweiatomige Gase

Physikalische Formeln

Schwingungen, Wellen

Periodendauer Schwingungsdauer	$T = \dfrac{t}{n}; \quad T = \dfrac{1}{f}$	n Anzahl der Schwingungen
Frequenz	$f = \dfrac{n}{t}; \quad f = \dfrac{1}{T}$	
Kreisfrequenz	$\omega = 2\pi \cdot f;$ $\omega = \dfrac{2\pi}{T}$	
Momentanwert einer sich zeitlich periodisch ändernden Größe	$y = y_{max} \cdot \sin(\omega \cdot t)$	y_{max} Amplitude

Schwingungsdauer eines Pendelschwingers (kleiner Ausschlag, $\alpha < 5°$; Massepunkt) $T = 2\pi \sqrt{\dfrac{l}{g}}; \quad g = \dfrac{4\pi^2 \cdot l}{T^2}$		Federschwingers $T = 2\pi \sqrt{\dfrac{m}{k}}$		Torsionsschwingers $T = 2\pi \sqrt{\dfrac{J}{D}}$	
k Federkonstante D Direktionskonstante					

Thomsonsche Schwingungsgleichung	$T = 2\pi \sqrt{L \cdot C}; \quad f = \dfrac{1}{2\pi \sqrt{L \cdot C}}$	
Grundgleichung der Wellenausbreitung	$v = \lambda \cdot f$	v Ausbreitungsgeschwindigkeit

Strahlenoptik

Reflexionsgesetz	$\alpha = \alpha'$	α Einfallswinkel $\quad \alpha'$ Reflexionswinkel
Brechzahl	$n = \dfrac{\sin \alpha}{\sin \beta}$	β Brechungswinkel
Brechungsgesetz	$\dfrac{\sin \alpha}{\sin \beta} = \dfrac{n_b}{n_a}$	n_a Brechzahl (Übergang vom Vakuum zum Stoff a) n_b Brechzahl (Übergang vom Vakuum zum Stoff b)
Abbildungsgleichung (für dünne Linsen)	$\dfrac{1}{f} = \dfrac{1}{s} + \dfrac{1}{s'}$	f Brennweite s Gegenstandsweite s' Bildweite
Abbildungsmaßstab	$\dfrac{y}{y'} = \dfrac{s}{s'}$	y Gegenstandsgröße y' Bildgröße
Brechzahl einer Linse	$D = \dfrac{1}{f}$	D Dioptrie

Physikalische Formeln

Wellenoptik

Ausbreitungsgeschwindigkeit einer Lichtwelle	$c = \lambda \cdot f$	λ Wellenlänge f Frequenz
Interferenzgleichung für Maxima	$\dfrac{n \cdot \lambda}{b} = \sin \alpha_n$ $(n = 1, 2, 3, \ldots)$; $\dfrac{n \cdot \lambda}{b} = \dfrac{s_n}{e_n}$ $\quad b$ Gitterkonstante s_n Abstand zwischen dem jeweiligen Maximum und dem Minimum 0-ter Ordnung e_n Abstand zwischen dem Interferenzstreifen und dem Gitter	
Interferenz an dünnen Schichten	$d_A = 2m \cdot \dfrac{\lambda}{4} = \dfrac{2m \cdot \lambda_0}{4n}$; $d_v = (2m-1)\dfrac{\lambda}{4}$ $(m = 1, 2, 3, \ldots)$ $\quad\quad\quad = (2m-1)\dfrac{\lambda_0}{4n}$	d_A Schichtdicke bei Auslöschung d_v Schichtdicke bei Verstärkung
Brewstersches Gesetz (Lichtwellen)	$\alpha_p + \beta_p = 90°$ $n = \dfrac{\sin \alpha_p}{\sin \beta_p} = \tan \alpha_p$	α_p Polarisationswinkel

Quanteneigenschaften des Lichtes

Energie eines Lichtquants	$E = h \cdot f$	h Plancksches Wirkungsquantum
Energiebilanz beim Fotoeffekt (Einsteinsche Gleichung)	$h \cdot f = E_{kin} + W_A$ $h \cdot f = \dfrac{1}{2} m_{e_0} \cdot v^2 + W_A$	$\dfrac{m_{e,0} \cdot v^2}{2} = e \cdot U$ W_A Austrittsarbeit $\quad e$ Elementarladung
Kinetische Energie der Elektronen	• beim äußeren lichtelektrischen Effekt $E_{kin} = h \cdot f - W_A$	
Austrittsarbeit	$W_A = h \cdot f_G$	f_G Grenzfrequenz
Termformeln für das H-Atom	$f = \dfrac{R_y}{m^2} - \dfrac{R_y}{n^2}$	mit $m = 1$; $n = 2, 3, 4, \ldots$ Lymann-Serie mit $m = 2$; $n = 3, 4, 5, \ldots$ Balmer-Serie R_y Rydberg-Frequenz
Frequenz des emittierten Lichts	$f = \dfrac{\Delta E}{h}$; $\quad f = \dfrac{m_{e,0} \cdot v}{h}$	ΔE abgegebener Energiebetrag

Atomphysik

Atomare Masseneinheit	Relative Atommasse	Massenzahl
$1u = \dfrac{1}{12} m_A (^{12}_6 C)$ m_A absolute Atommasse	$A_r = \dfrac{m_A}{u}$	$A = Z + N$ Z Protonenanzahl N Neutronenanzahl
Zerfallsgesetz	Massendefekt	Kernbindungsenergie
$N = N_0 \cdot e^{-\lambda \cdot t}$ $\quad \lambda$ Zerfallskonstante	$\Delta m_0 = (Z \cdot m_{p_0} + N \cdot m_{n_0}) - m_k$	$E_B = \Delta m_0 \cdot c^2$

Physikalische Formeln

Akustik, Schallerzeugung

Zwischen den Schwingungen der Schallquelle und der Schallempfindung bestehen folgende Beziehungen:

Schwingung		Schallempfindung
Amplitude	entspricht	Lautstärke
Frequenz	entspricht	Tonhöhe
Schwingungsform	entspricht	Klangfarbe

Schwingende Saiten

Frequenz	$f = \dfrac{1}{2l}\sqrt{\dfrac{F}{\varrho \cdot A}}$	l Länge der Saite F Spannkraft der Saite ϱ Dichte des Saitenmaterials A Querschnitt der Saite

Schwingende Luftsäulen

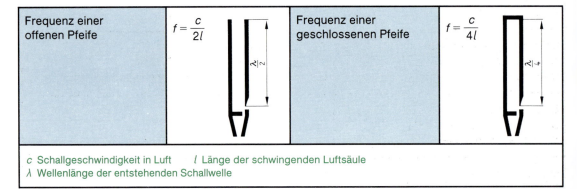

Frequenz einer offenen Pfeife	$f = \dfrac{c}{2l}$		Frequenz einer geschlossenen Pfeife	$f = \dfrac{c}{4l}$

c Schallgeschwindigkeit in Luft l Länge der schwingenden Luftsäule
λ Wellenlänge der entstehenden Schallwelle

Tonfrequenzen (C-Dur)

Ton	Frequenz in Hz	Ton	Frequenz in Hz
c′	261,63	g′	392,00
d′	293,67	a′	440,00
e′	329,63	h′	493,88
f′	349,23	c″	523,25

Schallgeschwindigkeit

In festen Stoffen	$c = \sqrt{\dfrac{E}{\varrho}}$	E Elastizitätsmodul ϱ Dichte
In Flüssigkeiten	$c = \sqrt{\dfrac{1}{\varrho \alpha}}$	α Kompressibilitätskoeffizient
In Gasen	$c = \sqrt{\dfrac{\kappa p}{\varrho}} = \sqrt{\kappa \cdot R \cdot T}$ mit $\kappa = \dfrac{c_p}{c_v}$	p Gasdruck T absolute Temperatur des Gases R spezielle Gaskonstante

Konstanten

Naturkonstanten

Elementarladung	e	$1{,}60219 \cdot 10^{-19}$ C
Ruhmasse des Elektrons	$m_{0,e}$	$0{,}91095 \cdot 10^{-30}$ kg
Ruhmasse des Protons	$m_{0,p}$	$1{,}67265 \cdot 10^{-27}$ kg
Ruhmasse des Positrons	$m_{0,po}$	$0{,}91095 \cdot 10^{-30}$ kg
Ruhmasse des Neutrons	$m_{0,n}$	$1{,}67495 \cdot 10^{-27}$ kg
Ruhmasse des Wasserstoffatoms	$m_{0,H}$	$16{,}733 \cdot 10^{-27}$ kg
Ruhmasse des α-Teilchens	$m_{0,\alpha}$	$6{,}64473 \cdot 10^{-27}$ kg
Spezifische Ladung des Elektrons	$e \cdot m_{0,e}^{-1}$	$1{,}75880 \cdot 10^{11}$ C·kg^{-1}
Atomare Masseneinheit	u	$1{,}66057 \cdot 10^{-27}$ kg
Plancksches Wirkungsquantum	h	$6{,}62618 \cdot 10^{-34}$ J·s
Avogadro-Konstante	N_A	$6{,}02204 \cdot 10^{23}$ mol^{-1}
Loschmidt-Konstante	N_L oder L	$2{,}6868 \cdot 10^{25}$ mol^{-1}
Boltzmann-Konstante	k	$1{,}38066 \cdot 10^{-27}$ kg
Faraday-Konstante	F	$9{,}64846 \cdot 10^{-34}$ J·s
Universelle Gaskonstante	R_m	$8{,}3145$ J·K^{-1}·mol^{-1}
Absoluter Nullpunkt	T	0 K; $-273{,}15\,°$C
Normdruck	p_n	101325 Pa; 1,01325 bar
Solarkonstante	S	$1{,}368 \cdot 10^3$ W·m^{-2}
Stefan-Boltzmann-Konstante (Strahlungskonstante)	σ	$5{,}67032$ W·m^{-2}·K^{-4}
Gravitationskonstante	γ	$(6{,}670 \pm 0{,}007) \cdot 10^{-11}$ N·m^2·kg^{-2}
Fallbeschleunigung	g	$9{,}80665$ m·s^{-2}
1. kosmische Geschwindigkeit (Kreisbahn)	$v_{K,Erde}$	$\approx 7{,}9$ km·s^{-1}
2. kosmische Geschwindigkeit (Parabelbahn)	$v_{p,Erde}$	$\approx 11{,}2$ km·s^{-1}
Lichtgeschwindigkeit im Vakuum	c	$2{,}99792 \cdot 10^8$ m·s^{-1}
Schallgeschwindigkeit in Luft (bei 20 °C)		343 m·s^{-1}
Rydberg-Frequenz	R_y	$3{,}288 \cdot 10^{15}$ s^{-1}
Elektrische Feldkonstante	ε_0	$8{,}85419 \cdot 10^{-12}$ A·s·V^{-1}·m^{-1}
Magnetische Feldkonstante	μ_0	$1{,}25664 \cdot 10^{-6}$ s·V·m^{-1}·A^{-1}

Elektrotechnik

Schaltzeichen

Galvanische Spannungsquelle		Gleichspannung		Widerstand, allgemein	
Buchse		Wechselspannung		Widerstand, verstellbar	
Stecker		Spannungsmesser	V	Spule, allgemein	
Erdung		Strommesser	A	Spule mit Eisernkern	
Transformator mit ferromagnetischem Kern		Lautsprecher		Kondensator	
Generator	G	Motor	M	Kondensator, verstellbar	
Schalter		Relais		Glühlampe	
Halbleiterdiode		Röhrendiode		Glimmlampe	
pnp-Transistor		Röhrentriode		Fotozelle	
npn-Transistor		Zählrohr		Fotowiderstand	

Astronomie

Astronomische Konstanten

Astronomische Einheit (AE)	1 AE = 149,6 · 10⁶ km
Parsec (pc)	1 pc = 30,86 · 10¹² km = 206 265 AE ≈ 3,26 ly
Lichtjahr (ly)	1 ly = 9,461 · 10¹² km = 0,306 7 pc
Gravitationskonstante	γ = 6,670 · 10⁻¹¹ N · m² · kg⁻²
Lichtgeschwindigkeit im Vakuum	c' = 299 792 km · s⁻¹ ≈ 3 · 10⁸ m · s⁻¹

Die Erde

Neigung der Erdachse (1975)	ε = 23°26′33,12″ ≈ 23,5°
Radius (Äquator)	a = 6,378 · 10³ km
(Pol)	b = 6,357 · 10³ km
Abplattung	$(a - b) : a$ = 1 : 298 ≈ 1 : 300
Volumen	V_E = 1,083 · 10¹² km³
Masse	m_E = 5,975 · 10²⁴ kg
Mittlere Dichte	ϱ_E = 5,524 g · cm⁻³
Mittlere Fallbeschleunigung in Meeresniveau	g ≈ 9,81 m · s⁻²
Mittlerer Luftdruck in Meeresniveau	p = 101,3 kPa
Mittlere Geschwindigkeit in der Bahn	v_E = 29,785 km · s⁻¹

Der Mond

Mittlere Entfernung von der Erde	S_M = 3,844 · 10⁵ km = 60,3 R_E
Mittlerer scheinbarer Radius	R'_M = 15′32,6″ = 0,259°
Radius	R_M = 1,738 · 10³ km = 0,272 5 R_E
Volumen	V_M = 2,199 · 10¹⁰ km³ = 0,02 V_E
Masse	m_M = 7,35 · 10²² kg = 0,012 3 m_E
Mittlere Dichte	ϱ_M = 3,34 g · cm⁻³ = 0,61 ϱ_E
Fallbeschleunigung an der Oberfläche	g_M = 1,62 m · s⁻² = 0,165 g_E
Mittlere Bahnneigung gegen die Erdbahn	5°8′43″ = 5,1453°
Monatslänge synodisch; siderisch	t_{syn} = 29,530 59 d; t_{sid} = 27,321 66 d

Die Sonne

Mittlere Entfernung von der Erde	S_S = 149,6 · 10⁶ km
Mittlerer scheinbarer Radius	R'_S = 16′1,2″ = 0,267°
Radius	R_S = 6,958 · 10⁵ km = 109 R_E
Volumen	V_S = 1,410 · 10¹⁸ km³ = 1,3 · 10⁶ V_E
Masse	m_S = 1,985 · 10³⁰ kg = 3,32 · 10⁵ m_E
Mittlere Dichte	ϱ_S = 1,41 g · cm⁻³ = 0,26 ϱ_E
Fallbeschleunigung an der Oberfläche	g_S = 2,74 · 10² m · s⁻² = 27,5 g_E
Oberflächentemperatur	T ≈ 6 000 K

Astronomie

Planeten des Sonnensystems

Planet	Symbol	Mittlere Bahn-geschwindigkeit in km·s^{-1}	Mittlere Entfernung von der Sonne in AE	Äquator-radius in km	Masse in Erdmassen ($5{,}976 \cdot 10^{24}$ kg)	Mittlere Dichte in g·m^{-3}
Merkur	☿	47,90	0,39	2 425	0,056	5,44
Venus	♀	35,03	0,72	6 052	0,815	5,23
Erde	♁, ⊕	29,79	1,00	6 378	1,000	5,52
Mars	♂	24,13	1,52	3 393	0,107	3,95
Jupiter	♃	13,06	5,20	71 820	317,82	1,31
Saturn	♄	9,64	9,54	60 335	95,11	0,68
Uranus	♅	6,81	19,18	25 900	14,52	1,21
Neptun	♆	5,43	30,06	24 600	17,22	1,67
Pluto	♇	4,74	39,44	1 100	0,0017	um 2

Grundlegende Gesetze

Gravitationsgesetz	$F = \gamma \dfrac{m_1 \cdot m_2}{r^2}$	γ Gravitationskonstante	
Keplersche Gesetze	↗ S. 67		
Strahlungsgesetz Wiensches Verschiebungsgesetz	$\lambda_{max} \sim T^{-1}$		Das Maximum der Strahlungsintensität verschiebt sich mit wachsender Temperatur zu immer kleineren Wellenlängen.
Stefan-Boltzmann-Gesetz	$E_{Ges} \sim A \cdot T^4$	A Oberfläche des Körpers	Die Gesamtstrahlungsenergie eines Körpers wächst mit der 4. Potenz seiner Temperatur.

Astronomische Koordinaten

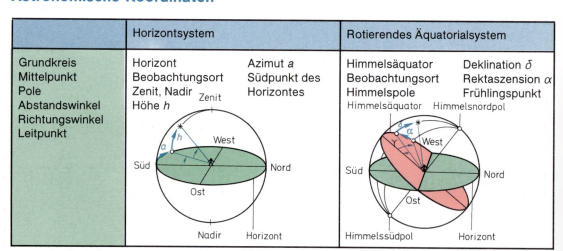

Chemie

Übersichten zur Chemie

Chemische Elemente

Die angegebenen Werte in eckigen Klammern sind die Atommassen der längstlebigen zur Zeit bekannten Atomart des betreffenden Elements.
Die Massenzahlen der Elemente sind nach der Häufigkeit der natürlich vorkommenden Isotope geordnet.

Element	Symbol	Ordnungszahl	Atommasse in u (gerundet)	Massenzahlen natürlicher Isotope	Oxidationszahlen (häufig auftretende)	Elektronegativitätswert
Actinium	Ac	89	227		+3	1,1
Aluminium	Al	13	27	27	+3	1,5
Americium	Am	95	[243]		+3	1,3
Antimon	Sb	51	122	121; 123	+3; +5; −3	1,9
Argon	Ar	18	40	40; 36; 38	±0	
Arsen	As	33	75	75	+3; +5; −3	2,0
Astat	At	85	[210]	215; 218; 219	−1	2,2
Barium	Ba	56	137	138; 137; 136; 135; 134; 130; 132	+2	0,9
Berkelium	Bk	97	[247]		+3	1,3
Beryllium	Be	4	9	9	+2	1,5
Bismut	Bi	83	209	209	+3; −3	1,9
Blei	Pb	82	207	208; 206; 207; 204	+2; +4	1,8
Bor	B	5	11	11; 10	+3	2,0
Brom	Br	35	80	79; 81	+1; +5; −1	2,8
Cadmium	Cd	48	112,5	114; 112; 111; 110; 113; 116; 106; 108	+2	1,7
Caesium	Cs	55	133	133	+1	0,7
Calcium	Ca	20	40	40; 44; 42; 48; 43; 46	+2	1,0
Californium	Cf	98	[251]		+3	1,3
Cerium	Ce	58	140	140; 142; 138; 136	+3	1,1
Chlor	Cl	17	35,5	35; 37	+1; +3; +5; +7; −1	3,0
Chromium	Cr	24	52	52; 53; 50; 54	+2; +3; +6	1,6
Cobalt	Co	27	59	59	+2; +3	1,8
Curium	Cm	96	[247]		+3	1,3
Dysprosium	Dy	66	162,5	164; 162; 163; 161; 160; 158; 156	+3	1,2
Einsteinium	Es	99	[252]			1,3
Eisen	Fe	26	56	56; 54; 57; 58	+2; +3; +6	1,8
Erbium	Er	68	167	166; 168; 167; 170; 164; 162	+3	1,2
Europium	Eu	63	152	153; 151	+3	1,2

83

Übersichten zur Chemie

Element	Symbol	Ordnungszahl	Atommasse in u (gerundet)	Massenzahlen natürlicher Isotope	Oxidationszahlen (häufig auftretende)	Elektronegativitätswert
Fermium	Fm	100	[257]			1,3
Fluor	F	9	19	19	−1	4,0
Francium	Fr	87	[223]		+1	0,7
Gadolinium	Gd	64	157	158; 160; 156; 157; 155; 154; 152	+3	1,1
Gallium	Ga	31	70	69; 71	+3	1,6
Germanium	Ge	32	72,5	74; 72; 70; 73; 76	+4	1,8
Gold	Au	79	197	197	+1; +3	2,4
Hafnium	Hf	72	178,5	180; 178; 177; 179; 176; 174	+4	1,3
Helium	He	2	4	4; 3	±0	
Holmium	Ho	67	165	165	+3	1,2
Indium	In	49	115	115; 113	+3	1,7
Iod	I	53	127	127	+1; +5; +7; −1	2,5
Iridium	Ir	77	192	193; 191	+3; +4	2,2
Kalium	K	19	39	39; 41; 40	+1	0,8
Kohlenstoff	C	6	12	12; 13	+2; +4; −2	2,5
Krypton	Kr	36	84	84; 86; 83; 82; 80; 78	±0	
Kupfer	Cu	29	63,5	63; 65	+1; +2	1,9
Kurtschatovium	(Ku)[1]	104	[261]			
Lanthan	La	57	139	139; 138	+3	1,1
Lawrencium	Lr	103	[260]			1,3
Lithium	Li	3	7	7; 6	+1	1,0
Lutetium	Lu	71	175	175; 176	+3	1,2
Magnesium	Mg	12	24	24; 26; 25	+2	1,2
Mangan	Mn	25	55	55	+2; +4; +6; +7	1,5
Mendelevium	Md	101	[258]			1,3
Molybdän	Mo	42	96	98; 95; 92; 96; 100; 97; 94	+6	1,8
Natrium	Na	11	23	23	+1	0,9
Neodymium	Nd	60	144	142; 144; 146; 143; 145; 148; 150	+3	1,2
Neon	Ne	10	20	20; 22; 21	±0	
Neptunium	Np	93	237	237	+5	1,3
Nickel	Ni	28	59	58; 60; 62; 61; 64	+2	1,8
Nielsbohrium	(Ns)[2]	105	[262]			
Niobium	Nb	41	93	93	+5	1,6
Nobelium	No	102	[259]			1,3
Osmium	Os	76	190	192; 190; 189; 188; 187; 186; 184	+4; +8	2,2
Palladium	Pd	46	106	106; 108; 105; 110; 104; 102	+2; +4	2,2
Phosphor	P	15	31	31	+3; +5; −3	2,1
Platin	Pt	78	195	195; 194; 196; 198; 192; 190	+2; +4	2,2
Plutonium	Pu	94	[244]		+4	1,3

(1) auch Rutherfordium (Rf)   (2) auch Hahnium (Ha)

Übersichten zur Chemie 85

Element	Symbol	Ordnungszahl	Atommasse in u (gerundet)	Massenzahlen natürlicher Isotope	Oxidationszahlen (häufig auftretende)	Elektronegativitätswert
Polonium	Po	84	[209]	210; 211; 212; 214; 215; 216; 218	+4; −2	2,0
Praseodymium	Pr	59	141	141	+3	1,1
Promethium	Pm	61	[145]		+3	1,2
Protactinium	Pa	91	231	231	+5	1,5
Quecksilber	Hg	80	200,5	202; 200; 199; 201; 198; 204; 196	+1; +2	1,9
Radium	Ra	88	226	223; 224; 226; 228	+2	0,9
Radon	Rn	86	[222]	219; 220; 222	±0	
Rhenium	Re	75	186	187; 185	+7	1,9
Rhodium	Rh	45	103	103	+3; +4	2,2
Rubidium	Rb	37	85,5	85; 87	+1	0,8
Ruthenium	Ru	44	101	102; 104; 101; 99; 100; 96; 98	+4; +8	2,2
Samarium	Sm	62	150	152; 154; 147; 149; 148; 150; 144	+3	1,2
Sauerstoff	O	8	16	16; 18; 17	−2	3,5
Scandium	Sc	21	45	45	+3	1,3
Schwefel	S	16	32	32; 34; 33; 36	+4; +6; −2	2,5
Selen	Se	34	79	80; 78; 76; 82; 77; 74	+4; +6; −2	2,4
Silber	Ag	47	108	107; 109	+1	1,9
Silicium	Si	14	28	28; 29; 30	+4; −4	1,8
Stickstoff	N	7	14	14; 15	+3; +5; −3	3,0
Strontium	Sr	38	87,5	88; 86; 87; 84	+2	1,0
Tantal	Ta	73	181	181; 180	+5	1,5
Technetium	Tc	43	[97]		+7	1,9
Tellur	Te	52	127,5	130; 128; 126; 125; 124; 122; 123; 120	+4; +6; −2	2,1
Terbium	Tb	65	159	159	+3	1,2
Thallium	Tl	81	204	205; 203	+3	1,8
Thorium	Th	90	232	232	+4	1,3
Thulium	Tm	69	169	169	+3	1,2
Titanium	Ti	22	48	48; 46; 47; 49; 50	+4	1,5
Uranium	U	92	238	238; 235; 234	+4; +5; +6	1,7
Vanadium	V	23	51	51; 50	+5	1,6
Wasserstoff	H	1	1	1; 2	+1; −1	2,1
Wolfram	W	74	184	184; 186; 182; 183; 180	+6	1,7
Xenon	Xe	54	131	132; 129; 131; 134; 136; 130; 128; 124; 126	±0	
Ytterbium	Yb	70	173	174; 172; 173; 171; 176; 170; 168	+3	1,1
Yttrium	Y	39	89	89	+3	1,3
Zink	Zn	30	65	64; 66; 68; 67; 70	+2	1,6
Zinn	Sn	50	119	120; 118; 116; 119; 117; 124; 122; 112; 114; 115	+2; +4	1,8
Zirconium	Zr	40	91	90; 94; 92; 91; 96	+4	1,4

Übersichten zur Chemie

Elektronenkonfiguration der Atome im Grundzustand

Bei den mit * gekennzeichneten Atomen bestehen Abweichungen in der Anordnung der neu hinzukommenden Elektronen oder ist die Anordnung derselben nicht gesichert. OZ: Ordnungszahl

Periode	OZ	Name	Symbol	1s	2s	2p	3s	3p	3d	4s	4p	4d	4f	5s	5p	5d	5f	6s	6p	6d	7s
1.	1	Wasserstoff	H	1																	
	2	Helium	He	2																	
2.	3	Lithium	Li	2	1																
	4	Beryllium	Be	2	2																
	5	Bor	B	2	2	1															
	6	Kohlenstoff	C	2	2	2															
	7	Stickstoff	N	2	2	3															
	8	Sauerstoff	O	2	2	4															
	9	Fluor	F	2	2	5															
	10	Neon	Ne	2	2	6															
3.	11	Natrium	Na	2	2	6	1														
	12	Magnesium	Mg	2	2	6	2														
	13	Aluminium	Al	2	2	6	2	1													
	14	Silicium	Si	2	2	6	2	2													
	15	Phosphor	P	2	2	6	2	3													
	16	Schwefel	S	2	2	6	2	4													
	17	Chlor	Cl	2	2	6	2	5													
	18	Argon	Ar	2	2	6	2	6													
4.	19	Kalium	K	2	2	6	2	6		1											
	20	Calcium	Ca	2	2	6	2	6		2											
	21	Scandium	Sc	2	2	6	2	6	1	2											
	22	Titanium	Ti	2	2	6	2	6	2	2											
	23	Vanadium	V	2	2	6	2	6	3	2											
	24	Chromium	Cr	2	2	6	2	6	4	2*											
	25	Mangan	Mn	2	2	6	2	6	5	2											
	26	Eisen	Fe	2	2	6	2	6	6	2											
	27	Cobalt	Co	2	2	6	2	6	7	2											
	28	Nickel	Ni	2	2	6	2	6	8	2											
	29	Kupfer	Cu	2	2	6	2	6	9	2*											
	30	Zink	Zn	2	2	6	2	6	10	2											
	31	Gallium	Ga	2	2	6	2	6	10	2	1										
	32	Germanium	Ge	2	2	6	2	6	10	2	2										
	33	Arsen	As	2	2	6	2	6	10	2	3										
	34	Selen	Se	2	2	6	2	6	10	2	4										
	35	Brom	Br	2	2	6	2	6	10	2	5										
	36	Krypton	Kr	2	2	6	2	6	10	2	6										
5.	37	Rubidium	Rb	2	2	6	2	6	10	2	6			1							
	38	Strontium	Sr	2	2	6	2	6	10	2	6			2							
	39	Yttrium	Y	2	2	6	2	6	10	2	6	1		2							
	40	Zirkonium	Zr	2	2	6	2	6	10	2	6	2		2							
	41	Niobium	Nb	2	2	6	2	6	10	2	6	3		2*							
	42	Molybdän	Mo	2	2	6	2	6	10	2	6	4		2*							
	43	Technetium	Tc	2	2	6	2	6	10	2	6	5		2*							
	44	Ruthenium	Ru	2	2	6	2	6	10	2	6	6		2*							
	45	Rhodium	Rh	2	2	6	2	6	10	2	6	7		2*							
	46	Palladium	Pd	2	2	6	2	6	10	2	6	8		2*							
	47	Silber	Ag	2	2	6	2	6	10	2	6	9		2*							
	48	Cadmium	Cd	2	2	6	2	6	10	2	6	10		2							
	49	Indium	In	2	2	6	2	6	10	2	6	10		2	1						
	50	Zinn	Sn	2	2	6	2	6	10	2	6	10		2	2						

Übersichten zur Chemie → 87

Pe-ri-ode	OZ	Name	Symbol	\multicolumn{16}{c}{Elektronenkonfiguration der Atome}
				1s	2s	2p	3s	3p	3d	4s	4p	4d	4f	5s	5p	5d	5f	6s	6p	6d	7s
	51	Antimon	Sb	2	2	6	2	6	10	2	6	10		2	3						
	52	Tellur	Te	2	2	6	2	6	10	2	6	10		2	4						
	53	Iod	I	2	2	6	2	6	10	2	6	10		2	5						
	54	Xenon	Xe	2	2	6	2	6	10	2	6	10		2	6						
6.	55	Caesium	Cs	2	2	6	2	6	10	2	6	10		2	6			1			
	56	Barium	Ba	2	2	6	2	6	10	2	6	10		2	6			2			
	57	Lanthan	La	2	2	6	2	6	10	2	6	10		2	6	1		2			
	58	Cerium	Ce	2	2	6	2	6	10	2	6	10	1	2	6	1		2*			
	59	Praseodymium	Pr	2	2	6	2	6	10	2	6	10	2	2	6	1		2			
	60	Neodym	Nd	2	2	6	2	6	10	2	6	10	3	2	6	1		2*			
	61	Promethium	Pm	2	2	6	2	6	10	2	6	10	4	2	6	1		2*			
	62	Samarium	Sm	2	2	6	2	6	10	2	6	10	5	2	6	1		2*			
	63	Europium	Eu	2	2	6	2	6	10	2	6	10	6	2	6	1		2*			
	64	Gadolinium	Gd	2	2	6	2	6	10	2	6	10	7	2	6	1		2			
	65	Terbium	Tb	2	2	6	2	6	10	2	6	10	8	2	6	1		2			
	66	Dysprosium	Dy	2	2	6	2	6	10	2	6	10	9	2	6	1		2			
	67	Holmium	Ho	2	2	6	2	6	10	2	6	10	10	2	6	1		2			
	68	Erbium	Er	2	2	6	2	6	10	2	6	10	11	2	6	1		2			
	69	Thulium	Tm	2	2	6	2	6	10	2	6	10	12	2	6	1		2*			
	70	Ytterbium	Yb	2	2	6	2	6	10	2	6	10	13	2	6	1		2*			
	71	Lutetium	Lu	2	2	6	2	6	10	2	6	10	14	2	6	1		2			
	72	Hafnium	Hf	2	2	6	2	6	10	2	6	10	14	2	6	2		2			
	73	Tantal	Ta	2	2	6	2	6	10	2	6	10	14	2	6	3		2			
	74	Wolfram	W	2	2	6	2	6	10	2	6	10	14	2	6	4		2			
	75	Rhenium	Re	2	2	6	2	6	10	2	6	10	14	2	6	5		2			
	76	Osmium	Os	2	2	6	2	6	10	2	6	10	14	2	6	6		2			
	77	Iridium	Ir	2	2	6	2	6	10	2	6	10	14	2	6	7		2			
	78	Platin	Pt	2	2	6	2	6	10	2	6	10	14	2	6	8		2*			
	79	Gold	Au	2	2	6	2	6	10	2	6	10	14	2	6	9		2*			
	80	Quecksilber	Hg	2	2	6	2	6	10	2	6	10	14	2	6	10		2			
	81	Thallium	Tl	2	2	6	2	6	10	2	6	10	14	2	6	10		2	1		
	82	Blei	Pb	2	2	6	2	6	10	2	6	10	14	2	6	10		2	2		
	83	Bismut	Bi	2	2	6	2	6	10	2	6	10	14	2	6	10		2	3		
	84	Polonium	Po	2	2	6	2	6	10	2	6	10	14	2	6	10		2	4		
	85	Astat	At	2	2	6	2	6	10	2	6	10	14	2	6	10		2	5		
	86	Radon	Rn	2	2	6	2	6	10	2	6	10	14	2	6	10		2	6		
7.	87	Francium	Fr	2	2	6	2	6	10	2	6	10	14	2	6	10		2	6		1
	88	Radium	Ra	2	2	6	2	6	10	2	6	10	14	2	6	10		2	6		2
	89	Actinium	Ac	2	2	6	2	6	10	2	6	10	14	2	6	10		2	6	1	2
	90	Thorium	Th	2	2	6	2	6	10	2	6	10	14	2	6	10	1	2	6	1	2*
	91	Protactinium	Pa	2	2	6	2	6	10	2	6	10	14	2	6	10	2	2	6	1	2*
	92	Uranium	U	2	2	6	2	6	10	2	6	10	14	3	6	10	3	2	6	1	2*
	93	Neptunium	Np	2	2	6	2	6	10	2	6	10	14	2	6	10	4	2	6	1	2*
	94	Plutonium	Pu	2	2	6	2	6	10	2	6	10	14	2	6	10	5	2	6	1	2*
	95	Americium	Am	2	2	6	2	6	10	2	6	10	14	2	6	10	6	2	6	1	2*
	96	Curium	Cm	2	2	6	2	6	10	2	6	10	14	2	6	10	7	2	6	1	2*
	97	Berkelium	Bk	2	2	6	2	6	10	2	6	10	14	2	6	10	8	2	6	1	2*
	98	Californium	Cf	2	2	6	2	6	10	2	6	10	14	2	6	10	9	2	6	1	2*
	99	Einsteinium	Es	2	2	6	2	6	10	2	6	10	14	2	6	10	10	2	6	1	2*
	100	Fermium	Fm	2	2	6	2	6	10	2	6	10	14	2	6	10	11	2	6	1	2*
	101	Mendelevium	Md	2	2	6	2	6	10	2	6	10	14	2	6	10	12	2	6	1	2*
	102	Nobelium	No	2	2	6	2	6	10	2	6	10	14	2	6	10	13	2	6	1	2*
	103	Lawrencium	Lr	2	2	6	2	6	10	2	6	10	14	2	6	10	14	2	6	1	2*
	104	Kurtschatovium	(Ku)[1]	2	2	6	2	6	10	2	6	10	14	2	6	10	14	2	6	2	2*
	105	Nielsbohrium	(Ns)[2]	2	2	6	2	6	10	2	6	10	14	2	6	10	14	2	6	3	2*

(1) auch Rutherfordium (Rf)   (2) auch Hahnium (Ha)

Übersichten zur Chemie

Anorganische Stoffe (zers.: zersetzlich; subl.: sublimiert; [1] in °C bei 101,3 kPa)

Name	Symbol/Formel	Molare Masse M in g·mol^{-1} (gerundet)	Aggregatzustand bei 25 °C	Dichte ϱ in g·cm^{-3} bei 25 °C (* bei 0 °C)	Schmelztemperatur[1] ϑ_s	Siedetemperatur[1] ϑ_v
Aluminium	Al	27	s	2,70	660	2450
Aluminiumbromid	AlBr$_3$	267	s	3,01	97,5	257
Aluminiumchlorid	AlCl$_3$	133	s	2,44	192,5 (u. Druck)	subl. bei 180
Aluminiumhydroxid	Al(OH)$_3$	78	s	2,42	zers. ab 170	—
Aluminiumiodid	AlI$_3$	408	s	3,89	191	386
Aluminiumoxid	Al$_2$O$_3$	102	s	3,90	2045	2980
Aluminiumsulfat	Al$_2$(SO$_4$)$_3$	342	s	2,71	zers. ab 600	—
Ammoniak	NH$_3$	17	g	0,77 g·l^{-1}*	−78	−33
Ammoniumcarbonat-1-Wasser	(NH$_4$)$_2$CO$_3$ · H$_2$O	114	s		zers. ab 58	—
Ammoniumchlorid	NH$_4$Cl	53,5	s	1,54	—	subl. bei 340
Ammoniumnitrat	NH$_4$NO$_3$	80	s	1,73	169	zers. ab 200
Ammoniumsulfat	(NH$_4$)$_2$SO$_4$	132	s	1,77	zers. ab 357	—
Antimon	Sb	122	s	6,68	631	1380
Argon	Ar	40	g	0,178 g·l^{-1}*	−189	−186
Arsen (grau)	As	75	s	5,72	817 (u. Druck)	subl. bei 613
Arsentrioxid	As$_2$O$_3$	198	s	3,86	309	457
Barium	Ba	137	s	3,50	714	1640
Bariumcarbonat	BaCO$_3$	197	s	4,40	zers. ab 1350	—
Bariumchlorid	BaCl$_2$	208	s	3,9	963	1562
Bariumfluorid	BaF$_2$	175	s	4,9	1287	2260
Bariumhydroxid	Ba(OH)$_2$	171	s	4,5	408	—
Bariumsulfat	BaSO$_4$	233	s	4,48	1350	—
Bismut	Bi	209	s	9,8	271	1560
Blei	Pb	207	s	11,34	327	1740
Blei(II)-chlorid	PbCl$_2$	278	s	5,85	498	954
Blei(II)-iodid	PbI$_2$	461	s	6,2	402	872
Blei(II)-nitrat	Pb(NO$_3$)$_2$	331	s	4,53	zers. ab 470	—
Blei(II)-oxid	PbO	223	s	9,53	890	1470
Blei(II, IV)-oxid	Pb$_3$O$_4$	685	s	9,10	zers. ab 500	—
Blei(IV)-oxid	PbO$_2$	239	s	9,37	zers. ab 290	—
Blei(II)-sulfat	PbSO$_4$	303	s	6,2	1170	—
Blei(II)-sulfid	PbS	239	s	7,5	1114	—
Bor	B	11	s	2,3	2030	3900
Brom	Br$_2$	160	l	3,12	−7	58,7
Bromwasserstoff	HBr	81	g	3,64 g·l^{-1}*	−87	−67
Cadmium	Cd	112	s	8,64	321	767
Caesium	Cs	133	s	1,9	29	690
Calcium	Ca	40	s	1,55	838	1490

Aggregatzustand: s = fest; l = flüssig; g = gasförmig

Übersichten zur Chemie 89

Name	Symbol/ Formel	Molare Masse M in g·mol^{-1} (gerundet)	Aggregatzustand bei 25 °C	Dichte ϱ in g·cm^{-3} bei 25 °C (* bei 0 °C)	Schmelztemperatur[1] ϑ_S	Siedetemperatur[1] ϑ_V
Calciumbromid	CaBr$_2$	200	s	3,35	730	810
Calciumcarbid	CaC$_2$	64	s	2,22	≈ 2300	–
Calciumcarbonat	CaCO$_3$	100	s	2,93	zers. ab 825	–
Calciumchlorid	CaCl$_2$	111	s	2,15	772	> 1600
Calciumfluorid	CaF$_2$	78	s	3,18	1392	≈ 2500
Calciumhydroxid	Ca(OH)$_2$	74	s	2,23	zers. ab 580	–
Calciumnitrat	Ca(NO$_3$)$_2$	164	s	2,47	561	–
Calciumoxid	CaO	56	s	3,40	≈ 2570	2850
Calciumphosphat	Ca$_3$(PO$_4$)$_2$	310	s	3,14	1670	–
Calciumsulfat	CaSO$_4$	136	s	2,96	1450	–
Chlor	Cl$_2$	71	g	3,214 g·l^{-1} *	–101	–35
Chlorwasserstoff	HCl	36,5	g	1,639 g·l^{-1} *	–112	–85
Chromium	Cr	52	s	7,19	≈ 1900	2642
Chromium(II)-chlorid	CrCl$_2$	123	s	2,75	815	–
Chromium(III)-chlorid	CrCl$_3$	158	s	2,76	≈ 1150	subl. bei ≈ 1300
Chromium(III)-oxid	Cr$_2$O$_3$	152	s	5,21	2437	≈ 3000
Chromium(VI)-oxid	CrO$_3$	100	s	2,70	zers. bei 198	–
Cobalt	Co	59	s	8,90	1490	≈ 2900
Cobaltchlorid	CoCl$_2$	130	s	3,36	727	1050
Cobalt(II)-oxid	CoO	75	s	5,68	1935	zers. ab 2800
Eisen	Fe	56	s	7,86	1540	≈ 3000
Eisen(III)-chlorid	FeCl$_3$	162	s	2,80	306	zers. ab 315
Eisen(III)-hydroxid	Fe(OH)$_3$	107	s	3,4…3,9	zers. ab 500	–
Eisen(II)-nitrat	Fe(NO$_3$)$_2$	180	s	–	–	–
Eisen(II)-oxid	FeO	72	s	5,70	1360	–
Eisen(III)-oxid	Fe$_2$O$_3$	160	s	5,24	zers. ab 1560	–
Eisen(II, III)-oxid	Fe$_3$O$_4$	231,5	s	5,18	zers. ab 1538	–
Eisen(II)-sulfat	FeSO$_4$	152	s	2,84	zers.	–
Eisen(III)-sulfat	Fe$_2$(SO$_4$)$_3$	400	s	3,10	zers. bei 480	–
Eisen(II)-sulfid	FeS	88	s	4,84	1195	zers.
Fluor	F$_2$	38	g	1,69 g·l^{-1} *	–220	–188
Fluorwasserstoff	HF	20	g	0,99 (l)	– 83	19
Gold	Au	197	s	19,3	1063	2970
Helium	He	4	g	0,178·l^{-1} *	–270	–269
Iod	I$_2$	254	s	4,94	114	182,8
Iodwasserstoff	HI	128	g	5,79 g·l^{-1} *	–51	–35
Kalium	K	39	s	0,86	64	760
Kaliumbromid	KBr	119	s	2,75	734	1382
Kaliumcarbonat	K$_2$CO$_3$	138	s	2,43	897	zers.
Kaliumchlorat	KClO$_3$	122,5	s	2,32	368	zers. ab 400
Kaliumchlorid	KCl	74,5	s	1,98	770	1405
Kaliumchromat	K$_2$CrO$_4$	194	s	2,73	975	zers.
Kaliumcyanid	KCN	65	s	1,52	623	–
Kaliumdichromat	K$_2$Cr$_2$O$_7$	294	s	2,69	395	zers. ab 500
Kaliumfluorid	KF	58	s	2,48	857	1502
Kaliumhydroxid	KOH	56	s	2,04	360	1327
Kaliumiodid	KI	166	s	3,13	682	1324

Übersichten zur Chemie

Name	Symbol/ Formel	Molare Masse M in g·mol^{-1} (gerundet)	Aggregat- zustand bei 25 °C	Dichte ϱ in g·cm^{-3} bei 25 °C (* bei 0 °C)	Schmelz- temperatur[1] ϑ_S	Siede- temperatur[1] ϑ_V
Kaliumnitrat	KNO$_3$	101	s	2,11	339	zers. ab 400
Kaliumpermanganat	KMnO$_4$	158	s	2,70	zers. ab 240	—
Kaliumphosphat	K$_3$PO$_4$	112	s	2,56	1340	—
Kaliumsulfat	K$_2$SO$_4$	174	s	2,66	1074	1688
Kohlenstoffdioxid	CO$_2$	44	g	1,977 g·l^{-1}	−57 (u. Druck)	subl. bei −79
Kohlenstoffdisulfid	CS$_2$	76	g	1,26	−112	46
Kohlenstoffmonooxid	CO	28	g	1,250 g·l^{-1}*	−205	−192
Kohlenstoff (Diamant)	C	12	s	3,51	ab 3550	—
Kohlenstoff (Graphit)	C	12	s	2,26	3730	4830
Krypton	Kr	84	g	3,71 g·l^{-1}*	−157	−152
Kupfer	Cu	63,5	s	8,96	1083	2600
Kupfer(I)-chlorid	CuCl	99	s	3,53	432	1490
Kupfer(II)-chlorid	CuCl$_2$	134,5	s	3,05	498	zers. ab 990
Kupfer(II)-nitrat	Cu(NO$_3$)$_2$	187,5	s	—	—	—
Kupfer(I)-oxid	Cu$_2$O	143	s	6,0	1232	zers. ab 1800
Kupfer(II)-oxid	CuO	79,5	s	6,45	zers. ab 1026	—
Kupfer(II)-sulfat	CuSO$_4$	159,5	s	3,61	200	zers. ab 650
Kupfer(I)-sulfid	Cu$_2$S	159	s	5,8	1130	—
Kupfer(II)-sulfid	CuS	95,5	s	4,6	zers. ab 200	—
Lithium	Li	7	s	0,534	180	1372
Magnesium	Mg	24	s	1,74	650	1110
Magnesiumbromid	MgBr$_2$	184	s	3,72	711	1230
Magnesiumcarbonat	MgCO$_3$	84	s	3,04	zers. ab 350	—
Magnesiumchlorid	MgCl$_2$	95	s	2,32	712	1420
Magnesiumhydroxid	Mg(OH)$_2$	58	s	2,4	zers. ab 350	—
Magnesiumnitrat	Mg(NO$_3$)$_2$	148	s	—	—	—
Magnesiumoxid	MgO	40	s	3,65	2800	3600
Magnesiumphosphat	Mg$_3$(PO$_4$)$_2$	263	s	2,1	1184	—
Magnesiumsulfat	MgSO$_4$	120	s	2,66	1127	—
Mangan	Mn	55	s	7,43	1244	≈ 2100
Manganchlorid	MnCl$_2$	126	s	2,98	650	1190
Mangan(IV)-oxid	MnO$_2$	87	s	5,03	535	zers.
Mangansulfat	MnSO$_4$	151	s	3,18	700	zers. bei 850
Natrium	Na	23	s	0,97	98	892
Natriumbromid	NaBr	103	s	3,21	747	1390
Natriumcarbonat	Na$_2$CO$_3$	106	s	2,53	852	zers. ab 1600
Natriumchlorid	NaCl	58,5	s	2,16	800	1465
Natriumhydroxid	NaOH	40	s	2,13	322	1390
Natriumiodid	NaI	150	s	3,67	662	1305
Natriumnitrat	NaNO$_3$	85	s	2,25	310	zers. ab 380
Natriumnitrit	NaNO$_2$	69	s	2,17	271	zers. bei 320
Natriumphosphat	Na$_3$PO$_4$	164	s	2,5	1340	—
Natriumphosphat-12-Wasser	Na$_3$PO$_4$·12 H$_2$O	380	s	1,62	zers. ab 73,4	—
Natriumsulfat	Na$_2$SO$_4$	142	s	2,69	884	—
Nickel	Ni	59	s	8,90	1450	2730
Ozon	O$_3$	48	g	2,14 g·l^{-1}*	−193	−111
Perchlorsäure	HClO$_4$	100,5	l	1,76	−112	zers.

Übersichten zur Chemie → 91

Name	Symbol/ Formel	Molare Masse M in g·mol^{-1} (gerundet)	Aggregat- zustand bei 25 °C	Dichte ϱ in g·cm^{-3} bei 25 °C (* bei 0 °C)	Schmelz- temperatur[1] ϑ_S	Siede- temperatur[1] ϑ_V
Phosphor (weiß)	P	31	s	1,82	44	280
Phosphor(V)-oxid	P$_2$O$_5$	142	s	2,40	566	subl. bei 358
Phosphorsäure	H$_3$PO$_4$	98	s	1,88	42	zers. ab 213
Platin	Pt	195	s	21,45	≈ 1770	≈ 4000
Quecksilber	Hg	200,5	l	13,53	−39	357
Quecksilber(II)-chlorid	HgCl$_2$	271,5	s	5,42	277	304
Quecksilber(II)-oxid	HgO	216,5	s	11,14	zers. ab 500	−
Salpetersäure	HNO$_3$	63	l	1,51	−47	86
Sauerstoff	O$_2$	32	g	1,429 g·l^{-1} *	−219	−183
Schwefel (amorph)	S	32	s	1,92	120	444,6
Schwefel (monoklin)	S	32	s	1,96	119	444,6
Schwefel (rhombisch)	S	32	s	2,07	113	444,6
Schwefeldioxid	SO$_2$	64	g	2,926 g·l^{-1} *	−76	−10
Schwefelsäure	H$_2$SO$_4$	98	l	1,83	11	zers. ab 338
Schwefeltrioxid (α)	SO$_3$	80	l	1,99	17	45
Schwefelwasserstoff	H$_2$S	34	g	1,539 g·l^{-1} *	−86	−60
Selen (grau)	Se	79	s	4,79	217	685
Silber	Ag	108	s	10,50	961	2212
Silberbromid	AgBr	188	s	6,47	430	zers. ab 700
Silberchlorid	AgCl	143	s	5,56	455	1554
Silberiodid	AgI	235	s	5,71	557	1506
Silbernitrat	AgNO$_3$	170	s	4,35	209	zers. ab 444
Silicium	Si	28	s	2,33	1410	2680
Siliciumdioxid (Quarz)	SiO$_2$	60	s	2,65	≈ 1470	2590
Stickstoff	N$_2$	28	g	1,251 g·l^{-1} *	−210	−195,8
Stickstoffdioxid	NO$_2$	46	g	1,49	−11	21
Stickstoffmonooxid	NO	30	g	1,340 g·l^{-1} *	−164	−152
Stickstoffpentoxid	N$_2$O$_5$	108	g	1,64	30	47
Stickstofftrioxid	N$_2$O$_3$	76	g	1,45	−102	zers. bei 3,5
Strontium	Sr	88	s	2,58	757	1364
Wasser	H$_2$O	18	l	1,0	0	100
Wasserstoff	H$_2$	2	g	0,089 g·l^{-1} *	−259,3	−252,8
Wasserstoffperoxid	H$_2$O$_2$	34	l	1,46	−2	152
Xenon	Xe	131	g	5,89 g·l^{-1} *	−112	−108,0
Zink	Zn	65	s	7,14	419	906
Zinkbromid	ZnBr$_2$	225	s	4,22	394	650
Zinkchlorid	ZnCl$_2$	136	s	2,90	318	732
Zinknitrat- 6-Wasser	Zn(NO$_3$)$_2$· 6 H$_2$O	297,5	s	2,07	36,4	zers. ab 105
Zinkoxid	ZnO	81,5	s	5,47	1975 (u. Druck)	subl. bei 1800
Zinn (weiß)	Sn	119	s	7,28	232	2350
Zinn(IV)-oxid	SnO$_2$	151	s	6,95	1900	subl. > 1800

Übersichten zur Chemie

Organische Stoffe (zers.: zersetzlich; subl.: sublimiert; [1] in °C bei 101,3 kPa)

Name	Formel	Molare Masse M in g·mol^{-1} (gerundet)	Aggregatzustand bei 25 °C	Dichte ϱ in g·cm^{-3} bei 25 °C (* bei 0 °C)	Schmelztemperatur[1] ϑ_S	Siedetemperatur[1] ϑ_V
Acrylnitril	$CH_2=CH-CN$	53	l	0,81	−82	78
Aminobenzol (Anilin)	$C_6H_5-NH_2$	93	l	1,02	−6,2	184,4
2-Amino-ethansäure (Glycin)	$CH_2(NH_2)-COOH$	75	s	1,16	zers. ab 232	−
2-Amino-propansäure (Alanin)	$CH_3-CH(NH_2)-COOH$	89	s	−	zers. ab 297	−
Benzaldehyd	C_6H_5-CHO	106	l	1,05	−26	178
Benzol	C_6H_6	78	l	0,88	5,49	80,1
Benzoesäure	C_6H_5-COOH	122	s	1,27 (15 °C)	121,7	249
Brombenzol	C_6H_5Br	157	l	1,85	−30,6	155,6
Bromethan	CH_3-CH_2-Br	109	l	1,46	−119	38,4
Brommethan	CH_3-Br	95	g	1,73	−93,3	4,6
1,3-Butadien	$CH_2=CH-CH=CH_2$	54	g	0,65 (−6 °C)	−113	−4,75
Butan	$CH_3-(CH_2)_2-CH_3$	58	g	2,52 g·l^{-1}*	−135	−0,5
Butansäure (Buttersäure)	C_3H_7-COOH	88	l	0,96	−4,7	164
Chlorethan	CH_3-CH_2-Cl	64,5	g	0,92 (6 °C)	−138,7	13,1
Chlorethen (Vinylchlorid)	$CH_2=CH-Cl$	62,5	g	0,97 (−13 °C)	−159,7	−13,5
Chlormethan	CH_3Cl	50,5	g	2,31 g·l^{-1}*	−97	−23,7
Citronensäure	$HO-C(CH_2-COOH)_2-COOH$	192	s	1,54	153	zers.
Cyclohexan	C_6H_{12}	84	l	0,779	6,6	80,8
1,2-Dibromethan	$Br-CH_2-CH_2-Br$	188	l	2,18	10	131,6
1,2-Dichlorbenzol	$C_6H_4Cl_2$	147	l	1,31	−17,5	179,2
1,3-Dichlorbenzol	$C_6H_4Cl_2$	147	l	1,29	−24,4	172
1,4-Dichlorbenzol	$C_6H_4Cl_2$	147	s	1,26 (55 °C)	54	173,7
1,2-Dichlorethan	$Cl-CH_2-CH_2-Cl$	99	l	1,26	−35,5	83,7
Dichlormethan	$Cl-CH_2-Cl$	85	l	1,34	−96,7	40,7
Diethylether	$(C_2H_5)_2O$	74	l	0,714	−116,3	34,5
Ethan	CH_3-CH_3	30	g	1,356 g·l^{-1}*	−172	−88,5
Ethanal (Acetaldehyd)	CH_3CHO	44	g	0,788 (13 °C)	−123	20,2
Ethanol	C_2H_5OH	46	l	0,79	−114,2	78,4
Ethansäure (Essigsäure)	CH_3COOH	60	l	1,05	16,6	118,1
Ethansäureethylester	$CH_3-COO-C_2H_5$	88	l	0,899	−83,6	77,1
Ethansäuremethylester	$CH_3-COO-CH_3$	74	l	0,92	−98	56,9
Ethen	$CH_2=CH_2$	28	g	1,260 g·l^{-1}*	−169,5	−103,9
Ethin	$CH\equiv CH$	26	g	1,17 g·l^{-1}*	−81,8	−83,8
Ethylbenzol	$C_6H_5-CH_2-CH_3$	106	l	0,87	−93,9	136,2
Glucose (Traubenzucker)	$C_6H_{12}O_6$	180		1,54	146	zers. ab 200

Aggregatzustand: s = fest; l = flüssig; g = gasförmig

Übersichten zur Chemie → 93

Name	Formel	Molare Masse M in g·mol^{-1} (gerundet)	Aggregatzustand bei 25 °C	Dichte ϱ in g·cm^{-3} bei 25 °C (* bei 0 °C)	Schmelztemperatur[1] ϑ_s	Siedetemperatur[1] ϑ_v
Glycerin	CH$_2$—CH—CH$_2$ | | | OH OH OH	92	l	1,26	17,9	172 (1,5 kPa)
Glykol	HO—CH$_2$—CH$_2$—OH	62	l	1,113	−12,9	197,8
Harnstoff	CO(NH$_2$)$_2$	60	s	1,34	132,7	zers.
Hexadekansäure (Palmitinsäure)	CH$_3$—(CH$_2$)$_{14}$—COOH	256	s	0,85 (62 °C)	62,6	219 (2,7 kPa)
Hexan	CH$_3$—(CH$_2$)$_4$—CH$_3$	86	l	0,659	−94,3	68,7
1-Hexen	C$_6$H$_{12}$	84	l	0,673 2	−139,8	63,5
1-Hexin	C$_6$H$_{10}$	82	l	0,719 (15 °C)	−124	71,5
Methan	CH$_4$	16	g	0,717 g·l^{-1} *	−182,5	−161,4
Methanal (Formaldehyd)	HCHO	30	g	0,82 (−20 °C)	−92	−21
Methanol	CH$_3$OH	32	l	0,79	−97,7	64,7
Methansäure (Ameisensäure)	HCOOH	46	l	1,23	8,4	100,5
Methylbenzol (Toluol)	C$_6$H$_5$CH$_3$	92	l	0,87 (15 °C)	−95,3	110,8
2-Methylpropan (Isobutan)	(CH$_3$)$_2$—CH—CH$_3$	58	g	2,67 g·l^{-1} *	−145	−10,2
Naphthalin	C$_{10}$H$_8$	128	s	1,168 (22 °C)	80,4	217,9
Nitrobenzol	C$_6$H$_5$NO$_2$	123	l	1,20	5,7	210,9
Octadecansäure (Stearinsäure)	CH$_3$—(CH$_2$)$_{16}$—COOH	284,5	s	0,84 (80 °C)	69,4	291 (u. Druck)
Octadecen-(9)-säure (Ölsäure)	C$_{17}$H$_{33}$COOH	282,5	l	0,89 (25 °C)	14	205
Octan	CH$_3$—(CH$_2$)$_6$—CH$_3$	114	l	0,702 4	−56,5	125,8
Oxalsäure (Ethandisäure)	HOOC—COOH	90	s	1,901 (25 °C)	189,5	subl.
Pentan	CH$_3$—(CH$_2$)$_3$—CH$_3$	72	l	0,633 7 (15 °C)	−129,7	36,2
Phenol	C$_6$H$_5$OH	94	s	1,05 (45 °C)	41	181,4
Phthalsäure	C$_6$H$_4$(COOH)$_2$	166	s	1,59	210	zers. ab 231
Propan	CH$_3$—CH$_2$—CH$_3$	44	g	2,01 g·l^{-1} *	−189,9	−42,1
1-Propanol	CH$_3$—(CH$_2$)$_2$—OH	60	l	0,803 5	−126	97,2

2-Propanol	CH$_3$—CH—CH$_3$
	      |
	     OH
		60	l	0,785 4	−89,5	82

Propanon (Aceton)	CH$_3$—CO—CH$_3$	58	l	0,79	−95	56,1
Propen	CH$_3$—CH=CH$_2$	42	g	1,937 g·l^{-1} *	−185,2	−47
Propin	CH$_3$—C≡CH	40	g	1,787 g·l^{-1} *	−102	−23,3
Terephthalsäure	C$_6$H$_4$(COOH)$_2$	166	s	1,51	subl.	subl. bei ≈ 300
Tetrachlormethan (Tetrachlorkohlenstoff)	CCl$_4$	154	l	1,60	−22,9	76,7
Trichlormethan (Chloroform)	CHCl$_3$	119,5	l	1,50 (15 °C)	−63,5	61,2
Triiodmethan (Iodoform)	CHI$_3$	394	s	4,008 (17 °C)	119	subl.

Übersichten zur Chemie

Thermodynamische Werte

Standardbedingungen für thermodynamische Werte: 25 °C (298 K) und 101,3 kPa
$\Delta_B H°$: molare Standardbildungsenthalpie; $\Delta_B G°$: molare freie Standardbildungsenthalpie;
$S°$: molare Standardentropie; $\Delta_V H°$: molare Standardverbrennungsenthalpie
Aggregatzustand: s = fest; l = flüssig; g = gasförmig; aq = unendliche Verdünnung in wäßriger Lösung

Anorganische Verbindungen

Name	Symbol/Formel	Aggregatzustand	$\Delta_B H°$ in kJ·mol^{-1}	$\Delta_B G°$ in kJ·mol^{-1}	$S°$ in J·K^{-1}·mol^{-1}
Aluminium	Al	s	0	0	28
Aluminium-Ionen	Al^{3+}	aq	−531	−485	−332
Aluminiumbromid	AlBr$_3$	s	−516	−488	163
Aluminiumchlorid	AlCl$_3$	s	−704	−629	111
Aluminiumoxid	Al$_2$O$_3$	s	−1676	−1582	51
Ammoniak	NH$_3$	g	−46	−16	192
Ammonium-Ionen	NH$_4^+$	aq	−132	−79	113
Ammoniumchlorid	NH$_4$Cl	s	−314	−203	95
Ammoniumnitrat	NH$_4$NO$_3$	s	−366	−184	151
Ammoniumsulfat	(NH$_4$)$_2$SO$_4$	s	−1180	−902	220
Bariumchlorid	BaCl$_2$	s	−859	−811	124
Bariumhydroxid	Ba(OH)$_2$	s	−945		
Bariumsulfat	BaSO$_4$	s	−1473	−1362	132
Blei	Pb	s	0	0	65
Blei(II)-Ionen	Pb^{2+}	aq	−2	−24	10
Blei(II)-bromid	PbBr$_2$	s	−297	−262	161
Blei(II)-chlorid	PbCl$_2$	s	−359	−314	136
Blei(II)-nitrat	Pb(NO$_3$)$_2$	s	−456		
Blei(II)-oxid	PbO	s	−217	−188	69
Blei(II)-sulfat	PbSO$_4$	s	−920	−813	149
Blei(II)-sulfid	PbS	s	−100	−99	49
Brom	Br$_2$	g	31	3	245
	Br$_2$	l	0	0	152
Bromid-Ionen	Br$^-$	aq	−121	−104	83
Bromwasserstoff	HBr	g	−36	−53	199
Calcium-Ionen	Ca^{2+}	aq	−543	−554	−53
Calciumcarbid	CaC$_2$	s	−60	−65	70
Calciumcarbonat	CaCO$_3$	s	−1207	−1129	93
Calciumchlorid	CaCl$_2$	s	−796	−748	105
Calciumhydroxid	Ca(OH)$_2$	s	−986	−899	83
Calciumoxid	CaO	s	−635	−604	40
Calciumphosphat	Ca$_3$(PO$_4$)$_2$	s	−4120	−3885	236
Calciumsulfat	CaSO$_4$	s	−1434	−1322	107
Chlor	Cl$_2$	g	0	0	223
Chlor-Atome	Cl	g	121	105	165
Chlorid-Ionen	Cl$^-$	aq	−167	−131	57
Chlorwasserstoff	HCl	g	−92	−95	187
Chlorwasserstoffsäure	HCl	aq	−167	−131	56
Eisen(III)-chlorid	FeCl$_3$	s	−399	−334	142
Eisen(II)-oxid	FeO	s	−272	−251	61
Eisen(III)-oxid	Fe$_2$O$_3$	s	−824	−742	87
Eisen(II)-sulfid	FeS	s	−100	−100	60
Fluorwasserstoff	HF	g	−271	−273	174

Übersichten zur Chemie → 95

Name	Symbol/Formel	Aggregat-zustand	$\Delta_B H°$ in kJ·mol^{-1}	$\Delta_B G°$ in kJ·mol^{-1}	$S°$ in J·K^{-1}·mol^{-1}
Hydroxid-Ionen	OH$^-$	aq	−230	−157	−11
Iod	I$_2$	g	62	19	261
	I$_2$	s	0	0	116
Iodid-Ionen	I$^-$	aq	−57	−52	107
Iodwasserstoff	HI	g	26	2	206
Kalium-Atome	K	g	90	61	160
Kalium-Ionen	K$^+$	aq	−251	−282	103
Kaliumbromid	KBr	s	−392	−379	97
Kaliumcarbonat	K$_2$CO$_3$	s	−1 146	−1 061	156
Kaliumchlorat	KClO$_3$	s	−391	−290	143
Kaliumchlorid	KCl	s	−436	−408	83
Kaliumchromat	K$_2$Cr$_2$O$_7$	s	−2 033		
Kaliumhydroxid	KOH	s	−425	−379	79
Kaliumiodid	KI	s	−328	−322	104
Kaliumnitrat	KNO$_3$	s	−493	−393	133
Kaliumpermanganat	KMnO$_4$	s	−813	−714	172
Kaliumsulfat	K$_2$SO$_4$	s	−1 434	−1 316	176
Kohlenstoff-Atome	C	g	717	671	158
Graphit	C	s	0	0	6
Diamant	C	s	2	3	2
Kohlenstoffdioxid	CO$_2$	g	−393	−394	214
Kohlenstoffdisulfid	CS$_2$	l	90	65	151
Kohlenstoffmonooxid	CO	g	−111	−137	198
Kupfer	Cu	s	0	0	33
Kupfer(II)-Ionen	Cu^{2+}	aq	65	66	−100
Kupfer(II)-chlorid	CuCl$_2$	s	−220	−176	108
Kupfer(II)-oxid	CuO	s	−157	−130	43
Kupfer(II)-sulfat	CuSO$_4$	s	−771	−662	109
Kupfer(II)-sulfat-5-Wasser	CuSO$_4$·5 H$_2$O	s	−2 280	−1 880	280
Kupfer(II)-sulfid	CuS	s	−53	−54	67
Magnesium	Mg	s	0	0	33
Magnesium-Atome	Mg	g	148	113	149
Magnesium-Ionen	Mg^{2+}	aq	−467	−455	−138
Magnesiumcarbonat	MgCO$_3$	s	−1 096	−1 012	66
Magnesiumchlorid	MgCl$_2$	s	−942	−592	90
Magnesiumoxid	MgO	s	−601	−570	27
Magnesiumsulfat	MgSO$_4$	s	−1 288	−1 171	92
Magnesiumsulfat-7-Wasser	MgSO$_4$·7 H$_2$O	s	−3 388	−2 872	372
Mangan(II)-chlorid	MnCl$_2$	s	−481	−441	118
Mangan(II)-oxid	MnO	s	−385	−363	60
Mangan(IV)-oxid	MnO$_2$	s	−520	−465	53
Natrium-Atome	Na	g	109	78	154
Natrium-Ionen	Na$^+$	g	611	573	148
Natrium-Ionen	Na$^+$	aq	−240	−282	59
Natriumbromid	NaBr	s	−360	−347	84
Natriumcarbonat	Na$_2$CO$_3$	s	−1 131	−1 048	136
Natriumchlorid	NaCl	s	−411	−384	72
Natriumhydrogencarbonat	NaHCO$_3$	s	−948	−852	102
Natriumhydroxid	NaOH	s	−427	−381	64
Natriumiodid	NaI	s	−288	−282	91
Natriumnitrat	NaNO$_3$	s	−467	−366	116
Natriumsulfat	Na$_2$SO$_4$	s	−1 384	−1 267	149
Natriumsulfat-10-Wasser	Na$_2$SO$_4$·10 H$_2$O	s	−4 324	−3 644	593

Übersichten zur Chemie

Anorganische Verbindungen

Standardbedingungen für thermodynamische Werte: 25 °C (298 K) und 101,3 kPa
$\Delta_B H°$: molare Standardbildungsenthalpie; $\Delta_B G°$: molare freie Standardbildungsenthalpie;
$S°$: molare Standardentropie; $\Delta_V H°$: molare Standardverbrennungsenthalpie
Aggregatzustand: s = fest; l = flüssig; g = gasförmig; aq = unendliche Verdünnung in wäßriger Lösung

Name	Symbol/Formel	Aggregatzustand	$\Delta_B H°$ in kJ·mol^{-1}	$\Delta_B G°$ in kJ·mol^{-1}	$S°$ in J·K^{-1}·mol^{-1}
Nitrat-Ionen	NO_3^-	aq	−207	−111	146
Ozon	O_3	g	143	163	239
Phosphor(V)-oxid (dimer)	P_4O_{10}	s	−3008	−2724	228
Phosphorsäure	H_3PO_4	s	−1288	−1126	110
Quecksilber(II)-oxid	HgO	s	−91	−59	70
Salpetersäure	HNO_3	l	−174	−81	156
Sauerstoff	O_2	g	0	0	205
Schwefel (rhombisch)	S	s	0	0	32
Schwefeldioxid	SO_2	g	−297	−300	248
Schwefelsäure	H_2SO_4	l	−814	−690	157
Schwefeltrioxid	SO_3	g	−396	−371	257
Schwefelwasserstoff	H_2S	g	−21	−34	206
Sulfid-Ionen	S^{2-}	aq	33	86	−15
Silber	Ag	s	0	0	43
Silber-Ionen	Ag^+	aq	106	77	73
Silberbromid	AgBr	s	−100	−97	107
Silbercarbonat	Ag_2CO_3	s	−506	−437	167
Silberchlorid	AgCl	s	−127	−110	96
Silberiodid	AgI	s	−62	−66	115
Silbernitrat	$AgNO_3$	s	−124	−33	141
Siliciumdioxid (Quarz)	SiO_2	s	−911	−858	42
Stickstoffdioxid	NO_2	g	33	51	240
Stickstoffmonooxid	NO	g	90	87	211
Distickstofftetroxid	N_2O_4	g	9	98	304
Wasser	H_2O	g	−242	−229	189
	H_2O	l	−285	−237	70
Wasserstoffperoxid	H_2O_2	l	−188	−120	109
Zink	Zn	s	0	0	42
Zink-Ionen	Zn^{2+}	aq	−154	−147	−112
Zinkbromid	$ZnBr_2$	s	−329	−312	138
Zinkchlorid	$ZnCl_2$	s	−415	−369	111
Zinkiodid	ZnI_2	s	−208	−209	161
Zinkoxid	ZnO	s	−348	−318	44
Zinksulfat	$ZnSO_4$	s	−983	−874	120
Zinksulfid (Zinkblende)	ZnS	s	−206	−201	58
Zinn(II)-chlorid	$SnCl_2$	s	−325		
Zinn(IV)-chlorid	$SnCl_4$	l	−511	−440	259

Organische Verbindungen

Name	Formel	Aggregat-zustand	$\Delta_B H°$ in kJ·mol⁻¹	$\Delta_B G°$ in kJ·mol⁻¹	$S°$ in J·K⁻¹·mol⁻¹	$\Delta_V H°$ in kJ·mol⁻¹
Aminobenzol (Anilin)	$C_6H_5NH_2$	l	30	148	192	
Benzoesäure	C_6H_5COOH	s	−385	−245	168	
Benzol	C_6H_6	g	83	130	269	−3265
Brommethan	CH_3Br	g	−38	−28	246	
Butan	$CH_3(CH_2)_2CH_3$	g	−126	−17	310	−2874
1-Buten	C_4H_8	g	−0,1	71	306	−271,5
Campher	$C_{10}H_{16}O$	s				−5910
Chlormethan	CH_3Cl	g	−86	−63	235	
Cyclohexan	C_6H_{12}	g	−123	32	298	−3916
Ethan	C_2H_6	g	−85	−33	230	−1557
Ethanal (Acetaldehyd)	CH_3CHO	g	−166	−133	264	−1191
Ethanol	C_2H_5OH	l	−278	−174	161	−1364
Ethansäure (Essigsäure)	CH_3COOH	l	−485	−392	160	
Ethen	C_2H_4	g	52	68	220	−1409
Ethin	C_2H_2	g	227	209	201	−1299
Fluormethan	CH_3F	g	−234	−210	223	
Glucose	$C_6H_{12}O_6$	s	−1260		289	−2820
Glycerin	$C_3H_5(OH)_3$	l	−669			
Glycin	NH_2CH_2COOH	s	−529	−369	104	
Harnstoff	$CO(NH_2)_2$	s	−333	−198	105	
Hexan	C_6H_{14}	l	−199	−4,3	296	−4158
Methan	CH_4	g	−75	−51	186	−889
Methanal (Formaldehyd)	$HCHO$	g	−116	−110	219	−563
Methanol	CH_3OH	g	−201	−163	240	−725
Methansäure (Ameisensäure)	$HCOOH$	l	−423	−360	129	
Methylbenzol (Toluol)	$C_6H_5CH_3$	l	8,1	110	219	−3907
Nitrobenzol	$C_6H_5NO_2$	l	16	146	224	
Nonan	C_9H_{20}	g	229	25	506	−6118
Octan	C_8H_{18}	l	−250	6,4	361	−5464
Pentan	C_5H_{12}	l	−173	−9	263	−3509
Phenol	C_6H_5OH	s	−163	−48	142	
Propan	C_3H_8	g	−104	−24	270	−2217
Propanal	CH_3CH_2CHO	g	−192	−131	305	1815
1-Propanol	C_3H_7OH	g	−258	−163	325	−2016
2-Propanol	C_3H_7OH	g	−272	−173	310	−2003
Propanon (Aceton)	CH_3COCH_3	l	−248	−155	200	−1785
Propen	$CH_3CH=CH_2$	g	20	62	267	−2056
Propin	$CH_3C\equiv CH$	g	185	194	248	−1936
Saccharose	$C_{12}H_{22}O_{11}$	s	−2221	−1544	360	−5650
Stearinsäure	$C_{17}H_{35}COOH$	s	−949			−11298
Trichlormethan (Chloroform)	$CHCl_3$	g	−101	−69	296	
Triiodmethan (Iodoform)	CHI_3	g	211	178	356	

Übersichten zur Chemie

Bindungsenthalpien bei 25 °C und Bindungslängen

Bindung	Bindungs-enthalpie in kJ·mol⁻¹	Bindungs-länge in pm	Bindung	Bindungs-enthalpie in kJ·mol⁻¹	Bindungs-länge in pm	Bindung	Bindungs-enthalpie in kJ·mol⁻¹	Bindungs-länge in pm
H—H	436	74	H—F	567	92	C—H	313	108
F—F	159	142	H—Cl	431	128	C—F	489	136
Cl—Cl	242	199	H—Br	366	141	C—Cl	339	177
Br—Br	193	228	H—I	298	160	C—Br	285	194
I—I	151	267	H—O	463	97	C—I	218	214
C—C	348	154	H—S	367	134	C—N	305	147
C=C	614	134	H—N	391	101	C≡N	891	116
C≡C	839	120	H—Si	318	148	C—O	358	143
N≡N	945	110	Si—Si	176	232	C=O	745	122
O=O	498	121	S—S	255	205	C=S	536	189

Molare Gitterenthalpie $\Delta_G H$ von Ionensubstanzen bei 25 °C

Verbindung	$\Delta_G H$ in kJ·mol⁻¹	Verbindung	$\Delta_G H$ in kJ·mol⁻¹	Verbindung	$\Delta_G H$ in kJ·mol⁻¹	Verbindung	$\Delta_G H$ in kJ·mol⁻¹
LiF	−1039	NaCl	−780	CaF$_2$	−2617	MgO	−3929
LiCl	−850	KCl	−710	CaCl$_2$	−2231	CaO	−3477
LiBr	−802	RbCl	−686	CaBr$_2$	−2134	SrO	−3205
LiI	−742	CsCl	−851	CaI$_2$	−2043	BaO	−3042

Molare Hydratationsenthalpie $\Delta_H H$ einiger Ionen bei 25 °C

Ion	$\Delta_H H$ in kJ·mol⁻¹	Ion	$\Delta_H H$ in kJ·mol⁻¹	Ion	$\Delta_H H$ in kJ·mol⁻¹
H$_3$O$^+$	−1085	Be^{2+}	−2500	OH$^-$	−385
Li$^+$	−510	Mg^{2+}	−1910	F$^-$	−510
Na$^+$	−400	Cu^{2+}	−1580	Cl$^-$	−380
K$^+$	−325	Sr^{2+}	−1430	Br$^-$	−340
Rb$^+$	−300	Ba^{2+}	−1290	I$^-$	−300
Cs$^+$	−270	Al^{3+}	−4610	NO$_3^-$	−256

Umschlagsbereiche für Säure-Base-Indikatoren

Indikator	pH-Wert-Bereich des Farbumschlages	Farbe des Indikators unterer pH-Wert	Farbe des Indikators oberer pH-Wert
Thymolblau	1,2–2,8	rot	gelb
Methylgelb	2,4–4,0	rot	gelb
Methylorange	3,1–4,4	rot	gelborange
Methylrot	4,4–6,2	rosa	gelb
Lackmus	5,0–8,0	rot	blau
Bromthymolblau	6,0–7,6	gelb	blau
Thymolblau	8,0–9,6	gelb	blau
Phenolphthalein	8,3–10,0	farblos	rot
Alizaringelb	10,1–12	gelb	orangebraun

Übersichten zur Chemie → 99

Ionenprodukt nichtwäßriger Flüssigkeiten

Flüssigkeit	Autoprotolysegleichgewicht	K in $mol^2 \cdot l^{-2}$	ϑ in °C
Essigsäure	$2\ CH_3COOH \rightleftharpoons CH_3COOH_2^+ + CH_3COO^-$	10^{-13}	25
Ameisensäure	$2\ HCOOH \rightleftharpoons HCOOH_2^+ + HCOO^-$	$6{,}31 \cdot 10^{-7}$	25
Ethanol	$2\ C_2H_5OH \rightleftharpoons C_2H_5OH_2^+ + C_2H_5O^-$	$7{,}94 \cdot 10^{-20}$	18
Methanol	$2\ CH_3OH \rightleftharpoons CH_3OH_2^+ + CH_3O^-$	10^{-17}	18
Ammoniak	$2\ NH_3 \rightleftharpoons NH_4^+ + NH_2^-$	10^{-22}	−33
Schwefelsäure	$2\ H_2SO_4 \rightleftharpoons H_3SO_4^+ + HSO_4^-$	$1{,}26 \cdot 10^{-3}$	25
Salpetersäure	$2\ HNO_3 \rightleftharpoons H_2NO_3^+ + NO_3^-$	$2 \cdot 10^{-2}$	25

Säurekonstanten K_S und Basenkonstanten K_B bei 22 °C

Formel der Säure	K_S in $mol \cdot l^{-1}$	pK_S-Wert	Formel der Base	K_B in $mol \cdot l^{-1}$	pK_B-Wert
$HClO_4$	$1{,}0 \cdot 10^{10}$	−10	O^{2-}	$1{,}0 \cdot 10^{10}$	−10
HCl	$1{,}0 \cdot 10^{7}$	−7	NH_2^-	$1{,}0 \cdot 10^{9}$	−9
H_2SO_4	$1{,}0 \cdot 10^{3}$	−3	OH^-	$55{,}5$	−1,74
H_3O^+	$55{,}5$	−1,74			
HNO_3	$2{,}1 \cdot 10^{1}$	−1,32	PO_4^{3-}	$2{,}3 \cdot 10^{-2}$	1,64
			CO_3^{2-}	$2{,}5 \cdot 10^{-4}$	3,60
HSO_4^-	$1{,}2 \cdot 10^{-2}$	1,92			
H_3PO_4	$7{,}5 \cdot 10^{-3}$	2,12	NH_3	$1{,}8 \cdot 10^{-5}$	4,75
$[Fe(H_2O)_6]^{3+}$	$6{,}0 \cdot 10^{-3}$	2,22	HPO_4^{2-}	$1{,}6 \cdot 10^{-7}$	6,80
HF	$7{,}2 \cdot 10^{-4}$	3,14	HCO_3^-	$3{,}3 \cdot 10^{-8}$	7,48
$HCOOH$	$1{,}8 \cdot 10^{-4}$	3,75	CH_3COO^-	$5{,}6 \cdot 10^{-10}$	9,25
CH_3COOH	$1{,}8 \cdot 10^{-5}$	4,75	$C_6H_5NH_2$	$3{,}8 \cdot 10^{-10}$	9,42
$[Al(H_2O)_6]^{3+}$	$1{,}4 \cdot 10^{-5}$	4,85	$H_2PO_4^-$	$1{,}3 \cdot 10^{-12}$	11,88
H_2CO_3	$3{,}0 \cdot 10^{-7}$	6,52	$CO(NH_2)_2$	$1{,}5 \cdot 10^{-14}$	13,82
H_2S	$1{,}2 \cdot 10^{-7}$	6,92	H_2O	$1{,}8 \cdot 10^{-16}$	15,74
$H_2PO_4^-$	$6{,}2 \cdot 10^{-8}$	7,20			
NH_4^+	$5{,}6 \cdot 10^{-10}$	9,25			
HCN	$4{,}0 \cdot 10^{-10}$	9,40			
$[Zn(H_2O)_6]^{2+}$	$2{,}5 \cdot 10^{-10}$	9,60			
C_6H_5OH	$1{,}3 \cdot 10^{-10}$	9,89			
HCO_3^-	$4{,}0 \cdot 10^{-11}$	10,40			
HPO_4^{2-}	$4{,}8 \cdot 10^{-13}$	12,36			
H_2O	$1{,}8 \cdot 10^{-16}$	15,74			

Übersichten zur Chemie

Stabilitätskonstanten (Dissoziationskonstanten) von Komplex-Ionen bei 25 °C

Gleichgewicht	Stabilitätskonstante K_D	lg$\{K_D\}$
$[Ag(NH_3)_2]^+ \rightleftharpoons Ag^+ + 2\,NH_3$	$6 \cdot 10^{-8}$ mol$^2 \cdot$ l^{-2}	7,2
$[Ag(S_2O_3)_2]^{3-} \rightleftharpoons Ag^+ + 2\,S_2O_3^{2-}$	$5 \cdot 10^{-14}$ mol$^2 \cdot$ l^{-2}	13,3
$[AlF_6]^{3-} \rightleftharpoons Al^{3+} + 6\,F^-$	$1,4 \cdot 10^{-20}$ mol$^6 \cdot$ l^{-6}	19,9
$[Co(NH_3)_6]^{2+} \rightleftharpoons Co^{2+} + 6\,NH_3$	$1,3 \cdot 10^{-5}$ mol$^6 \cdot$ l^{-6}	4,9
$[Co(NH_3)_6]^{3+} \rightleftharpoons Co^{3+} + 6\,NH_3$	$2,2 \cdot 10^{-34}$ mol$^6 \cdot$ l^{-6}	33,4
$[Cu(NH_3)_4]^{2+} \rightleftharpoons Cu^{2+} + 4\,NH_3$	$4,7 \cdot 10^{-15}$ mol$^4 \cdot$ l^{-4}	14,3
$[Fe(CN)_6]^{4-} \rightleftharpoons Fe^{2+} + 6\,CN^-$	$1 \cdot 10^{-35}$ mol$^6 \cdot$ l^{-6}	35

Löslichkeit einiger Salze in Wasser

Angabe in den weißen Feldern: 100 g Wasser lösen a g Salz bis zur Sättigung bei 101,3 kPa und 20 °C

Ionen	Cl^-	Br^-	I^-	NO_3^-	SO_4^{2-}	CO_3^{2-}	PO_4^{3-}	S^{2-}
Na^+	36	91	179	88	19	22	12	19
K^+	34	66	144	32	11	112	23	–
NH_4^+	37	74	172	188	75	100	20	–
Mg^{2+}	54	102	148	71	36	$2 \cdot 10^{-1}$	–	–
Ca^{2+}	75	142	204	127	$2 \cdot 10^{-1}$	$2 \cdot 10^{-3}$	$2 \cdot 10^{-2}$	–
Ba^{2+}	36	104	170	9	$3 \cdot 10^{-4}$	$2 \cdot 10^{-3}$	–	–
Cu^{2+}	77	122	–	122	21	–	–	$3 \cdot 10^{-3}$
Ag^+	$2 \cdot 10^{-4}$	$1 \cdot 10^{-5}$	$3 \cdot 10^{-7}$	218	$8 \cdot 10^{-1}$	$3 \cdot 10^{-3}$	–	$1 \cdot 10^{-5}$
Zn^{2+}	367	447	432	118	54	$2 \cdot 10^{-2}$	–	–
Pb^{2+}	1	$9 \cdot 10^{-1}$	$7 \cdot 10^{-2}$	52	$4 \cdot 10^{-3}$	$1 \cdot 10^{-4}$	$1 \cdot 10^{-7}$	$9 \cdot 10^{-5}$
Fe^{2+}	62	–	–	–	27	–	–	$6 \cdot 10^{-4}$
Al^{3+}	46	–	–	75	36	–	–	–

Löslichkeit einiger Gase in Wasser

Die Löslichkeit wird in g Gas je kg Wasser bei 101,3 kPa angegeben.

Gas	Temperatur in °C				
	0	20	40	60	80
CO_2	3,35	1,69	0,973	0,576	
Cl_2	5,0	7,29	4,59	3,30	2,23
H_2	0,0019	0,0016	0,0014	0,0012	0,0008
N_2	0,029	0,019	0,014	0,011	0,007
NH_3	897	529	316	168	65
O_2	0,069	0,043	0,031	0,023	0,014

Übersichten zur Chemie

Löslichkeitsprodukte bei 25 °C

Name des Stoffes	Formel	Löslichkeitsprodukt K_L Zahlenwert	Einheit	pK_L-Wert
Aluminiumhydroxid	$Al(OH)_3$	$1 \cdot 10^{-33}$	$mol^4 \cdot l^{-4}$	33
Bariumcarbonat	$BaCO_3$	$5 \cdot 10^{-9}$	$mol^2 \cdot l^{-2}$	8,3
Bariumhydroxid	$Ba(OH)_2$	$5 \cdot 10^{-3}$	$mol^3 \cdot l^{-3}$	2,3
Bariumphosphat	$Ba_3(PO_4)_2$	$6 \cdot 10^{-38}$	$mol^5 \cdot l^{-5}$	37,2
Bariumsulfat	$BaSO_4$	$1 \cdot 10^{-10}$	$mol^2 \cdot l^{-2}$	10
Bismut(III)-sulfid	Bi_2S_3	$1 \cdot 10^{-97}$	$mol^5 \cdot l^{-5}$	97
Blei(II)-carbonat	$PbCO_3$	$6 \cdot 10^{-14}$	$mol^2 \cdot l^{-2}$	13,2
Blei(II)-chlorid	$PbCl_2$	$2 \cdot 10^{-5}$	$mol^3 \cdot l^{-3}$	4,7
Bleihydroxid	$Pb(OH)_2$	$6 \cdot 10^{-16}$	$mol^3 \cdot l^{-3}$	15,2
Blei(II)-iodid	PbI_2	$1 \cdot 10^{-9}$	$mol^3 \cdot l^{-3}$	9
Blei(II)-sulfid	PbS	$1 \cdot 10^{-28}$	$mol^2 \cdot l^{-2}$	28
Blei(II)-sulfat	$PbSO_4$	$2 \cdot 10^{-8}$	$mol^2 \cdot l^{-2}$	7,7
Cadmiumcarbonat	$CdCO_3$	$5 \cdot 10^{-12}$	$mol^2 \cdot l^{-2}$	11,3
Cadmiumsulfid	CdS	$2 \cdot 10^{-28}$	$mol^2 \cdot l^{-2}$	27,7
Calciumcarbonat	$CaCO_3$	$5 \cdot 10^{-9}$	$mol^2 \cdot l^{-2}$	8,3
Calciumhydroxid	$Ca(OH)_2$	$4 \cdot 10^{-6}$	$mol^3 \cdot l^{-3}$	5,4
Calciumphosphat	$Ca_3(PO_4)_2$	$2 \cdot 10^{-29}$	$mol^5 \cdot l^{-5}$	28,7
Calciumsulfat	$CaSO_4$	$2 \cdot 10^{-5}$	$mol^2 \cdot l^{-2}$	4,7
Eisen(II)-hydroxid	$Fe(OH)_2$	$8 \cdot 10^{-16}$	$mol^3 \cdot l^{-3}$	15,1
Eisen(III)-hydroxid	$Fe(OH)_3$	$4 \cdot 10^{-40}$	$mol^4 \cdot l^{-4}$	39,4
Eisen(II)-phosphat	$Fe_3(PO_4)_2$	$1 \cdot 10^{-36}$	$mol^5 \cdot l^{-5}$	36
Eisen(III)-phosphat	$FePO_4$	$4 \cdot 10^{-27}$	$mol^2 \cdot l^{-2}$	26,4
Eisen(II)-sulfid	FeS	$5 \cdot 10^{-18}$	$mol^2 \cdot l^{-2}$	17,3
Kupfer(I)-chlorid	$CuCl$	$2 \cdot 10^{-7}$	$mol^2 \cdot l^{-2}$	6,7
Kupfer(II)-sulfid	CuS	$6 \cdot 10^{-36}$	$mol^2 \cdot l^{-2}$	35,2
Magnesiumcarbonat	$MgCO_3$	$1 \cdot 10^{-5}$	$mol^2 \cdot l^{-2}$	5
Magnesiumhydroxid	$Mg(OH)_2$	$1 \cdot 10^{-11}$	$mol^3 \cdot l^{-3}$	11
Magnesiumphosphat	$Mg_3(PO_4)_2$	$6 \cdot 10^{-23}$	$mol^5 \cdot l^{-5}$	22,2
Manganhydroxid	$Mn(OH)_2$	$2 \cdot 10^{-13}$	$mol^3 \cdot l^{-3}$	12,6
Natriumhydrogencarbonat	$NaHCO_3$	$1 \cdot 10^{-3}$	$mol^2 \cdot l^{-2}$	3
Nickelsulfid	NiS	$1 \cdot 10^{-24}$	$mol^2 \cdot l^{-2}$	24
Quecksilber(II)-sulfid (schwarz)	HgS	$1 \cdot 10^{-52}$	$mol^2 \cdot l^{-2}$	52
Silberbromid	$AgBr$	$5 \cdot 10^{-13}$	$mol^2 \cdot l^{-2}$	12,3
Silbercarbonat	Ag_2CO_3	$8 \cdot 10^{-12}$	$mol^3 \cdot l^{-3}$	11,1
Silberchlorid	$AgCl$	$2 \cdot 10^{-10}$	$mol^2 \cdot l^{-2}$	9,7
Silberhydroxid	$AgOH$	$2 \cdot 10^{-8}$	$mol^2 \cdot l^{-2}$	7,7
Silberiodid	AgI	$8 \cdot 10^{-17}$	$mol^2 \cdot l^{-2}$	16,1
Silberphosphat	Ag_3PO_4	$3 \cdot 10^{-18}$	$mol^4 \cdot l^{-4}$	17,5
Silbersulfid	Ag_2S	$6 \cdot 10^{-50}$	$mol^3 \cdot l^{-3}$	49,2
Zinkcarbonat	$ZnCO_3$	$6 \cdot 10^{-11}$	$mol^2 \cdot l^{-2}$	10,2

Übersichten zur Chemie

Elektrochemische Spannungsreihe der Metalle

Die Standardpotentiale sind bei 25 °C und 101,3 kPa gemessen.

Reduktionsmittel ⇌ Oxidationsmittel + z · e⁻	Redoxpaar	Standardpotential $E°$ in V
Li (s) ⇌ Li⁺ (aq) + e⁻	Li/Li⁺	−3,04
K (s) ⇌ K⁺ (aq) + e⁻	K/K⁺	−2,92
Ba (s) ⇌ Ba²⁺ (aq) + 2 e⁻	Ba/Ba²⁺	−2,90
Ca (s) ⇌ Ca²⁺ (aq) + 2 e⁻	Ca/Ca²⁺	−2,87
Na (s) ⇌ Na⁺ (aq) + e⁻	Na/Na⁺	−2,71
Mg (s) ⇌ Mg²⁺ (aq) + 2 e⁻	Mg/Mg²⁺	−2,36
Al (s) ⇌ Al³⁺ (aq) + 3 e⁻	Al/Al³⁺	−1,66
Mn (s) ⇌ Mn²⁺ (aq) + 2 e⁻	Mn/Mn²⁺	−1,18
Zn (s) ⇌ Zn²⁺ (aq) + 2 e⁻	Zn/Zn²⁺	−0,76
Cr (s) ⇌ Cr³⁺ (aq) + 3 e⁻	Cr/Cr³⁺	−0,74
Fe (s) ⇌ Fe²⁺ (aq) + 2 e⁻	Fe/Fe²⁺	−0,41
Cd (s) ⇌ Cd²⁺ (aq) + 2 e⁻	Cd/Cd²⁺	−0,40
Co (s) ⇌ Co²⁺ (aq) + 2 e⁻	Co/Co²⁺	−0,28
Ni (s) ⇌ Ni²⁺ (aq) + 2 e⁻	Ni/Ni²⁺	−0,23
Sn (s) ⇌ Sn²⁺ (aq) + 2 e⁻	Sn/Sn²⁺	−0,14
Pb (s) ⇌ Pb²⁺ (aq) + 2 e⁻	Pb/Pb²⁺	−0,13
Fe (s) ⇌ Fe³⁺ (aq) + 3 e⁻	Fe/Fe³⁺	−0,02
H₂ (g) + 2 H₂O (l) ⇌ 2 H₃O⁺ (aq) + 2 e⁻	H₂/2 H₃O⁺	0,00
Cu (s) ⇌ Cu²⁺ (aq) + 2 e⁻	Cu/Cu²⁺	+0,35
Cu (s) ⇌ Cu⁺ (aq) + e⁻	Cu/Cu⁺	+0,52
Ag (s) ⇌ Ag⁺ (aq) + e⁻	Ag/Ag⁺	+0,80
Hg (l) ⇌ Hg²⁺ (aq) + 2 e⁻	Hg/Hg²⁺	+0,85
Pt (s) ⇌ Pt²⁺ (aq) + 2 e⁻	Pt/Pt²⁺	+1,20
Au (s) ⇌ Au³⁺ (aq) + 3 e⁻	Au/Au³⁺	+1,41

Übersichten zur Chemie → 103

Elektrochemische Spannungsreihe der Nichtmetalle

Die Standardpotentiale sind bei 25 °C und 101,3 kPa gemessen.

Reduktionsmittel ⇌ Oxidationsmittel + z·e⁻			Redoxpaar	Standardpotential $E°$ in V
S^{2-} (aq)	⇌ S (s)	+ 2 e⁻	S^{2-}/S	− 0,48
2 I⁻ (aq)	⇌ I_2 (s)	+ 2 e⁻	2 I⁻/I_2	+ 0,54
2 Br⁻ (aq)	⇌ Br_2 (l)	+ 2 e⁻	2 Br⁻/Br_2	+ 1,07
2 Cl⁻ (aq)	⇌ Cl_2 (g)	+ 2 e⁻	2 Cl⁻/Cl_2	+ 1,36
2 F⁻ (aq)	⇌ F_2 (g)	+ 2 e⁻	2 F⁻/F_2	+ 2,87

Elektrochemische Spannungsreihe einiger Redoxreaktionen

Die Standardpotentiale sind bei 25 °C und 101,3 kPa gemessen.

Reduktionsmittel ⇌ Oxidationsmittel		+ z·e⁻	Standardpotential $E°$ in V
H_2 (g) + 2 OH⁻ (aq)	⇌ 2 H_2O (l)	+ 2 e⁻	− 0,83* für pH = 14
Cd (s) + 2 OH⁻ (aq)	⇌ $Cd(OH)_2$ (s)	+ 2 e⁻	− 0,82
H_2 (g) + 2 H_2O (l)	⇌ 2 H_3O^+ (aq)	+ 2 e⁻	− 0,41* für pH = 7
Pb (s) + SO_4^{2-} (aq)	⇌ $PbSO_4$ (s)	+ 2 e⁻	− 0,36
HCOOH (l) + 2 H_2O (l)	⇌ CO_2 (g) + 2 H_3O^+ (aq)	+ 2 e⁻	− 0,20
Cu^+ (aq)	⇌ Cu^{2+} (aq)	+ e⁻	+ 0,17
Ag (s) + Cl⁻ (aq)	⇌ AgCl (s)	+ e⁻	+ 0,22
4 OH⁻ (aq)	⇌ O_2 (g) + 2 H_2O (l)	+ 4 e⁻	+ 0,40* für pH = 14
MnO_2 (s) + 4 OH⁻ (aq)	⇌ MnO_4^- (aq) + H_2O (l)	+ 3 e⁻	+ 0,59
H_2O_2 (l) + 2 H_2O (l)	⇌ O_2 (g) + 2 H_3O^+ (aq)	+ 2 e⁻	+ 0,68
Fe^{2+} (aq)	⇌ Fe^{3+} (aq)	+ e⁻	+ 0,77
4 OH⁻ (aq)	⇌ O_2 (g) + 2 H_2O (l)	+ 4 e⁻	+ 0,82* für pH = 7
NO (g) + 6 H_2O (l)	⇌ NO_3^- (aq) + 4 H_3O^+ (aq)	+ 3 e⁻	+ 0,96
6 H_2O (l)	⇌ O_2 (g) + 4 H_3O^+ (aq)	+ 4 e⁻	+ 1,23* für pH = 0
Mn^{2+} (aq) + 6 H_2O (l)	⇌ MnO_2 (s) + 4 H_3O^+ (aq)	+ 2 e⁻	+ 1,23
2 Cr^{3+} (aq) + 21 H_2O (l)	⇌ $C_2O_7^{2-}$ (aq) + 14 H_3O^+ (aq)	+ 6 e⁻	+ 1,33
Pb^{2+} (aq) + 6 H_2O (l)	⇌ PbO_2 (s) + 4 H_3O^+ (aq)	+ 2 e⁻	+ 1,46
Mn^{2+} (aq) + 12 H_2O (l)	⇌ MnO_4^- (aq) + 8 H_3O^+ (aq)	+ 5 e⁻	+ 1,51
$PbSO_4$ (s) + 6 H_2O (l)	⇌ PbO_2 (s) + 4 H_3O^+ (aq) + SO_4^{2-} (aq)	+ 2 e⁻	+ 1,69
4 H_2O (l)	⇌ H_2O_2 (l) + 2 H_3O^+ (aq)	+ 2 e⁻	+ 1,77
2 SO_4^{2-} (aq)	⇌ $S_2O_8^{2-}$ (aq)	+ 2 e⁻	+ 2,01

* pH-Wert-abhängige Zellspannungen

Größengleichungen der Chemie

Stoffmenge und molare Masse

Berechnungen zur Stoffmenge n

$n = \dfrac{N}{N_A}$

- n: Stoffmenge einer Stoffportion in mol
- N: Teilchenanzahl einer Stoffportion
- N_A: Avogadro-Konstante in mol^{-1}

$n = \dfrac{m}{M}$

- m: Masse in g
- M: molare Masse in $\text{g} \cdot \text{mol}^{-1}$

$n = \dfrac{V_n}{V_{m,n}}$

- V_n: Normvolumen in l
- $V_{m,n}$: molares Normvolumen in $\text{l} \cdot \text{mol}^{-1}$

$n = c \cdot V_{Ls}$

- c: Stoffmengenkonzentration eines Stoffes in $\text{mol} \cdot \text{l}^{-1}$
- V_{Ls}: Volumen der Lösung in l

$n = \dfrac{p \cdot V}{R \cdot T}$

- p: Druck in Pa
- V: Volumen in m^3
- T: Temperatur in K
- R: allgemeine molare Gaskonstante in $\text{J} \cdot \text{K}^{-1} \cdot \text{mol}^{-1}$

Berechnungen zur molaren Masse M

$M = \dfrac{m}{n}$ $\qquad$ $M = \dfrac{m \cdot V_{m,n}}{V_n}$ $\qquad$ $M = \dfrac{m \cdot R \cdot T}{p \cdot V}$

$M(B) = k_G \cdot \dfrac{m(B)}{\Delta T_G \cdot m_{Lm}}$

- k_G: kryoskopische Konstante in $\text{K} \cdot \text{kg} \cdot \text{mol}^{-1}$ (molale Gefriertemperaturerniedrigung des Lösungsmittels)
- ΔT_G: Gefriertemperaturerniedrigung in K
  - $\Delta T_G = T_{Lm} - T_{Ls}$
- m_{Lm}: Masse des Lösungsmittels in kg

$M(B) = k_S \cdot \dfrac{m(B)}{\Delta T_S \cdot m_{Lm}}$

- k_S: ebullioskopische Konstante in $\text{K} \cdot \text{kg} \cdot \text{mol}^{-1}$ (molale Siedetemperaturerhöhung des Lösungsmittels)
- ΔT_S: Siedetemperaturerhöhung in K

Stöchiometrisches Rechnen

Gesuchte Größe	Gegebene Größe	Allgemeine Größengleichung	Gesuchte Größe	Gegebene Größe	Allgemeine Größengleichung
m_1	m_2	$\dfrac{m_1}{m_2} = \dfrac{n_1 \cdot M_1}{n_2 \cdot M_2}$	V_1	m_2	$\dfrac{V_1}{m_2} = \dfrac{n_1 \cdot V_{m,1}}{n_2 \cdot M_2}$
m_1	V_2	$\dfrac{m_1}{V_2} = \dfrac{n_1 \cdot M_1}{n_2 \cdot V_{m,2}}$	V_1	V_2	$\dfrac{V_1}{V_2} = \dfrac{n_1}{n_2}$

- n: Stoffmenge in mol
- m: Masse der beteiligten Stoffe in g
- V: Volumen der beteiligten Stoffe in l
- M: molare Masse in $\text{g} \cdot \text{mol}^{-1}$
- V_m: molares Volumen in $\text{l} \cdot \text{mol}^{-1}$

Größengleichungen der Chemie

Zusammensetzungsgrößen

Massenanteil w

$$w_B = \frac{m_B}{m}$$

m_B: Masse des Stoffes B
m: Masse des Stoffgemisches

Einheiten: 1; %; ‰; ppm

Volumenanteil φ

$$\varphi_B = \frac{V_B}{V}$$

V_B: Volumen des Stoffes B
V: Summe der Volumina der Komponenten des Stoffgemisches

Einheiten: 1; %; ‰; ppm

Stoffmengenanteil χ

$$\chi_B = \frac{n_B}{n}$$

n_B: Stoffmenge des Stoffes B
n: Stoffmenge des Stoffgemisches

Einheiten: l; %; ‰; ppm

Massenkonzentration β

$$\beta_B = \frac{m_B}{V_{Ls}}$$

m_B: Masse des Stoffes B
V_{Ls}: Volumen der Lösung

Einheit: $g \cdot l^{-1}$

Volumenkonzentration σ

$$\sigma_B = \frac{V_B}{V}$$

σ_B: Volumenkonzentration des Stoffes B
V: Volumen des Stoffgemisches

Einheit: $l \cdot l^{-1}$

Stoffmengenkonzentration c

$$c_B = \frac{n_B}{V_{Ls}}$$

n_B: Stoffmenge des gelösten Stoffes B
V_{Ls}: Volumen der Lösung

Einheiten: $mol \cdot m^{-3}$; $mol \cdot l^{-1}$

Molalität b

$$b = \frac{n_B}{m_{Lm}} \qquad b = \frac{m}{m_{Lm} \cdot M}$$

b: Molalität des Stoffes in einer Lösung in $mol \cdot kg^{-1}$
m: Masse des zu lösenden Stoffes in g
M: molare Masse des zu lösenden Stoffes in $g \cdot mol^{-1}$
m_{Lm}: Masse des Lösungsmittels in kg

Einheiten: $mol \cdot g^{-1}$; $mol \cdot kg^{-1}$

Mischungsgleichung

$$m_1 \cdot w_1 + m_2 \cdot w_2 = (m_1 + m_2) \cdot w_3$$

w_1, w_2: Massenanteile eines Stoffes in den Lösungen 1 und 2
w_3: Massenanteil eines Stoffes in der herzustellenden Lösung
m_1, m_2: Massen der Lösungen 1 und 2

Größengleichungen der Chemie

Energetik

Molare Volumenarbeit W_m

$W_m = -p \cdot \Delta_R V_m$

Für die Reaktion $\nu_A A + \nu_B B \rightarrow \nu_C C + \nu_D D$ gilt:

$\Delta_R V_m = (\nu_C V_{mC} + \nu_D V_{mD}) - (\nu_A V_{mA} + \nu_B V_{mB})$

$\Delta_R V_m$: Änderung des molaren Volumens bei der chemischen Reaktion
ν: Stöchiometriefaktor
$\Delta_R V_m = \Delta_R \nu \cdot V_m$
$\Delta_R \nu = (\nu_C + \nu_D) - (\nu_A + \nu_B)$

Molare Reaktionsenthalpie $\Delta_R H$

$\Delta_R H = \Delta_R U + p \cdot \Delta_R V_m$

$\Delta_R H = \Delta_R U - W_m$

Änderung der molaren inneren Energie $\Delta_R U$

$\Delta_R U = Q_m - p \cdot \Delta_R V_m$

Q_m: molare Reaktionswärme

Berechnungen mit der kalorimetrischen Grundgleichung

$\Delta_R H = -\dfrac{m(H_2O) \cdot c_p(H_2O) \cdot \Delta T}{n}$

$\Delta_B H = -\dfrac{m(H_2O) \cdot c_p(H_2O) \cdot \Delta T \cdot M_{Rp}}{m_{Rp}}$

$m(H_2O)$: Masse des Kalorimeterwassers in g
$c_p(H_2O)$: spezifische Wärmekapazität des Wassers bei konstantem Druck in $J \cdot g^{-1} \cdot K^{-1}$
ΔT: Temperaturänderung in K
$\Delta_B H$: molare Bildungsenthalpie
Rp: Reaktionsprodukt

Berechnung der molaren Reaktionsenthalpie nach dem Satz von Hess

Für die Reaktion $AB + CD \rightarrow AC + BD$ gilt:

$\Delta_R H = [\Delta_B H°(AC) + \Delta_B H°(BD)]$
$\quad - [\Delta_B H°(AB) + \Delta_B H°(CD)]$

$\Delta_B H°$: molare Standardbildungsenthalpie in $kJ \cdot mol^{-1}$

Berechnung der molaren Lösungsenthalpie $\Delta_L H$

$\Delta_L H = \Delta_H H - \Delta_G H$

$\Delta_H H$: molare Hydratationsenthalpie in $kJ \cdot mol^{-1}$
$\Delta_G H$: molare Gitterenthalpie in $kJ \cdot mol^{-1}$

Berechnung der molaren Gitterenthalpie $\Delta_G H$ (Born-Haber-Kreisprozeß)

$\Delta_G H = \Delta_B H° - \Delta_S H° - \dfrac{1}{2} \cdot \Delta_D H° - \Delta_I H - \Delta_E H$

$\Delta_S H°$: molare Standardsublimationsenthalpie in $kJ \cdot mol^{-1}$
$\Delta_D H°$: molare Standardbindungs-(Standarddissoziations-)enthalpie in $kJ \cdot mol^{-1}$
$\Delta_I H$: molare Ionisierungsenthalpie in $kJ \cdot mol^{-1}$
$\Delta_E H$: molare Elektronenaffinität in $kJ \cdot mol^{-1}$

Berechnung der molaren freien Reaktionsenthalpie $\Delta_R G$

$\Delta_R G = \Delta_R H - T \cdot \Delta_R S$

(Gibbs-Helmholtzsche Gleichung)

$\Delta_R G$: molare freie Reaktionsenthalpie in $kJ \cdot mol^{-1}$
$\Delta_R S$: molare Reaktionsentropie in $J \cdot K^{-1} \cdot mol^{-1}$
$\Delta_R S = \Delta S(Rp) - \Delta S(As)$

T: Temperatur der Reaktion in K
Rp: Reaktionsprodukt
As: Ausgangsstoff

Größengleichungen der Chemie   107

Reaktionskinetik

Reaktionsgeschwindigkeit v

$$v = \frac{dc}{dt}$$

c: Konzentration
t: Zeit

Zusammenhang zwischen Reaktionsgeschwindigkeit und Temperatur

$$k = A \cdot e^{-\frac{E_A}{R \cdot T}}$$

(Arrhenius-Gleichung)

$$\ln\{k\} = \ln\{A\} - \frac{E_A}{R \cdot T}$$

k: Geschwindigkeitskonstante
A: Aktionskonstante (Frequenzfaktor)
E_A: molare Aktivierungsenergie
R: allgemeine molare Gaskonstante
T: absolute Temperatur

Chemisches Gleichgewicht

Massenwirkungsgesetz (MWG)

Für die Reaktion $\nu_A A + \nu_B B \rightleftharpoons \nu_C C + \nu_D D$ gilt:

$$K_C = \frac{c^{\nu_C}(C) \cdot c^{\nu_D}(D)}{c^{\nu_A}(A) \cdot c^{\nu_B}(B)}$$

K_C: Gleichgewichtskonstante
c: Stoffmengenkonzentration
ν: Stöchiometriefaktor

Einheit der Gleichgewichtskonstanten K_C:
$(mol \cdot l^{-1})^{\Delta\nu}$ mit $\Delta\nu = (\nu_C + \nu_D) - (\nu_A + \nu_B)$

Ionenprodukt des Wassers K_W

$$K_W = c(H_3O^+) \cdot c(OH^-)$$

$K_W = 10^{-14}\ mol^2 \cdot l^{-2}$ (bei 22 °C)

pH-Wert

$$pH = -\lg\{c(H_3O^+)\}$$

$c(H_3O^+)$: Hydronium-Ionenkonzentration in $mol \cdot l^{-1}$
$\{c(H_3O^+)\}$: Zahlenwert der Hydronium-Ionenkonzentration

Ionenexponent des Wassers pK_W

$$pK_W = -\lg\{K_W\}$$

$$pK_W = pH + pOH$$

$\{K_W\}$: Zahlenwert für das Ionenprodukt des Wassers

Säurekonstante K_S

Für die Reaktion $HA + H_2O \rightleftharpoons H_3O^+ + A^-$ gilt:

$$K_S = \frac{c(H_3O^+) \cdot c(A^-)}{c(HA)}$$

$pK_S: -\lg\{K_S\}$

$pK_S: 14 - pK_B$

HA: Säure
K_S: Säurekonstante in $mol \cdot l^{-1}$
pK_S: Säureexponent
$\{K_S\}$: Zahlenwert der Säurekonstanten

Basenkonstante K_B

Für die Reaktion $B + H_2O \rightleftharpoons OH^- + BH^+$ gilt:

$$K_B = \frac{c(OH^-) \cdot c(BH^+)}{c(B)}$$

$pK_B: -\lg\{K_B\}$

$pK_B: 14 - pK_S$

B: Base
K_B: Basenkonstante in $mol \cdot l^{-1}$
pK_B: Basenexponent
$\{K_B\}$: Zahlenwert der Basenkonstanten

Größengleichungen der Chemie

Säurereaktionsgrad α_S und Basereaktionsgrad α_B

$$\alpha_S = \frac{c(H_3O^+)}{c_0(HA)} \qquad \alpha_B = \frac{c(OH^-)}{c_0(B)}$$

$c_0(HA)$: Ausgangskonzentration der Säure HA
$c_0(B)$: Ausgangskonzentration der Base B

Ostwaldsches Verdünnungsgesetz

$$K_S = \frac{\alpha_S^2}{1-\alpha_S} \cdot c_0(HA)$$

$$K_B = \frac{\alpha_B^2}{1-\alpha_B} \cdot c_0(B)$$

pH-Wert wäßriger Lösungen

sehr starke Säuren: $pH = -\lg\{c_0(HA)\}$

starke bis schwache Säuren: $pH = \frac{1}{2}(pK_S - \lg\{c_0(HA)\})$

Ampholyte: $pH = \frac{1}{2}(14 + pK_S - pK_B)$

pH-Wert einer Pufferlösung

$$pH = pK_S + \lg \frac{c(A^-)}{c(HA)}$$

(Henderson-Hasselbach-Gleichung)

Löslichkeitsprodukt K_L

Für das Gleichgewicht $M_aL_b \rightleftharpoons aM^{m+} + bL^{n-}$ gilt:

$$K_L = c^a(M^{m+}) \cdot c^b(L^{n-})$$

Einheit des Löslichkeitsprodukts
$K_L(M_aL_b)$: $mol^{a+b} \cdot l^{-(a+b)}$

Löslichkeitsexponent pK_L

$pK_L = -\lg\{K_L\}$

$\{K_L\}$: Zahlenwert des Löslichkeitsproduktes

Löslichkeit l

$$l(M_aL_b) = \sqrt[a+b]{\frac{K_L(M_aL_b)}{a^a \cdot b^b}}$$

Stabilitätskonstante K_D der Komplex-Ionen

Für das Gleichgewicht $ML_n \rightleftharpoons M + nL$ gilt:

$$K_D = \frac{c(M) \cdot c^n(L)}{c(ML_n)}$$

Titration einwertiger Lösungen

Berechnung der Stoffmengenkonzentration:

$$c_1 = \frac{c_2 \cdot V_2}{V_1}$$

Berechnung der Stoffmenge: $n_1 = c_2 \cdot V_2$

Berechnung der Masse: $m_1 = M_1 \cdot c_2 \cdot V_2$

c_1: Stoffmengenkonzentration der zu bestimmenden Lösung
c_2: Stoffmengenkonzentration der Maßlösung
V_1: Volumen der zu bestimmenden Lösung
V_2: Volumen der verbrauchten Maßlösung
n_1: Stoffmenge des zu bestimmenden Stoffes
m_1: Masse des zu bestimmenden Stoffes
M_1: molare Masse des zu bestimmenden Stoffes

Größengleichungen der Chemie

Elektrochemie

Berechnung nach den Faradayschen Gesetzen

$$I \cdot t = F \cdot n \cdot z$$

$$\frac{m}{M} = \frac{I \cdot t}{F \cdot z}$$

F: Faraday-Konstante
n: Stoffmenge in mol
z: Anzahl der Elementarteilchen
t: Zeit
M: molare Masse
m: Masse
I: Stromstärke

Berechnung des Redoxpotentials E

Für die Reaktion $\text{Red} \rightleftharpoons \text{Ox} + z \cdot e^-$ gilt:

$$E = E° + \frac{R \cdot T}{z \cdot F} \cdot \ln \frac{c(\text{Ox})}{c(\text{Red})}$$

(Nernst-Gleichung)

Für 25 °C ergibt sich:

$$E = E° + \frac{0{,}059 \text{ V}}{z} \cdot \lg \frac{c(\text{Ox})}{c(\text{Red})}$$

E: Redoxpotential in V
$E°$: Standardpotential für die Redoxreaktion in V
z: ausgetauschte Elektronenanzahl je Formelumsatz
$c(\text{Ox})$: Stoffmengenkonzentration des Oxidationsmittels
$c(\text{Red})$: Stoffmengenkonzentration des Reduktionsmittels

Register

Ableitung spezieller Funktionen 38
Additionstheoreme 29
Akustik 78
anorganische Stoffe 88 ff.
– Verbindungen 94 ff.
Äquatorialsystem, rotierendes 82
Arbeit
–, Einheiten 51
–, elektrische 69
– im Gravitationsfeld 67
–, mechanische 65
–, Umrechnungsfaktoren 53
arithmetisches Mittel 24
astronomische Konstanten 81
– Koordinaten 82
atomare Masseneinheit 77
Atomphysik 77
Austrittsarbeit 77
– der Elektronen 58

Ballmerserie 60
Basenkonstante 99, 108
Basiseinheiten des SI 49
Basereaktionsgrad 108
Beschleunigung 62
Bewegungsgesetze 63
Bindungsenthalpien 98
Bindungslängen 98
Binomialkoeffizienten 30
Binomialverteilung, summierte 35 ff.
–, Wertetafel 34
binomische Formeln 24
Blindwiderstand 72
Binomischer Satz 30
Bogenmaß 22
Boltzmann-Konstante 79
Brechungsgesetz 76
Brechzahlen 59

Chemische Elemente 83 ff.
chemisches Gleichgewicht 107
Coulombsches Gesetz 70

Dekadische Logarithmen 16 f.
dekadisches System 7
Dichte 50, 88 ff.

– fester Stoffe 54
– von Flüssigkeiten und Gasen 55
Dielektrizitätskonstante 70
Dielektrizitätszahlen 58
Differentialrechnung 38 f.
Dissoziationskonstanten 100
Drehmoment
–, Einheiten 51
–, Gleichung 61, 65
Drehwinkel 51
Drehzahl 62
Druck 53, 61
Dualsystem 8
Dynamik 65 f.

Ebene Figuren 26 f.
Eigenschaften von festen Stoffen 56
– von Flüssigkeiten 57
– von Gasen 57
Einsteinsche Gleichung 77
elektrische Arbeit 51, 69
– Feldstärke 51, 70
– Ladung 51, 70
– Leistung 51, 69
– Spannung 51, 69
– Stromstärke 51, 69
– Widerstand 52, 69
Elektrochemie 109
elektrochemische Spannungsreihe 102 f.
– – der Metalle 102
– – der Nichtmetalle 103
– – einiger Redoxreaktionen 103
elektromagnetisches Feld 70 f.
– Spektrum 59
Elektronenkonfiguration der Atome 86 f.
elektrostatisches Feld 70
Energetik 106
Energie 53, 65
– eines Lichtquants 77
–, Einheiten 51, 53
–, innere 51
–, kinetische 70
–, mechanische 66
–, molare innere 106
Energiebilanz beim Fotoeffekt 77
Enthalpie, freie 73
Entropie 73
Eulersche Zahl 6

Fallbeschleunigung 50
Fakultät 30
Faradaysche Gesetze 71, 109
Feld, elektromagnetisches 70 f.
–, elektrostatisches 70
–, magnetostatisches 70
Feldstärke, elektrische 70
Flächeninhalt
– Einheiten 50
Folgen
–, arithmetische 37
–, geometrische 37
Frakturbuchstaben 6
freie Reaktionsenthalpie 107
Frequenz
– des emittierten Lichtes 77
–, Einheiten 50
–, Gleichung 76
–, Werte 60
Funktionen 28 f.
–, lineare 28
–, quadratische 28
–, Winkelfunktionen 28 f.

Galilei-Transformation 58
Gaskonstante, spezifische 68
Gaußsche Summenfunktion 36
geometrisches Mittel 24
Gerade
–, parameterfreie Darstellung 44
–, Punktrichtungsgleichung 44
–, Zweipunktegleichung 44
Geschwindigkeit
–, Einheiten 51
–, kosmische 68
– von Gasmolekülen 55
–, Zusammensetzung 62
Geschwindigkeit-Zeit-Gesetz 63 f.
Gesetz von der Erhaltung
– der mechanischen Energie 66
– des Impulses 67
Gewichtskraft 51, 61
Gitterenthalpie, molare 98, 106
Gleichgewichtsbedingung 61
Gleichstrom 69
Gleichungen 28 f.
–, lineare 28
–, quadratische 28
Gradmaß 22
Gravitation 67
Gravitationsgesetz 67, 82
Grenzwerte 37 f.

Register

Grenzwertsätze 38
griechisches Alphabet 6
Größen und Einheiten 49 ff.
Grundgesetz der Dynamik 65

Hall-Spannung 71
Hauptsätze der Thermodynamik 73
Heizwerte 56
Horizontsystem 82
Hydrationsenthalpie, molare 98

Ideales Gas 75
Impuls
–, Einheit 51
–, Gleichung 67
Induktionsgesetz 70
induktiver Widerstand 72
Induktivität
–, Einheit 52
–, Gleichung 72
innere Energie 73
Integralrechnung 40 f.
Interferenzgleichung 77
Ionenexponent 107
Ionenprodukt 99, 107

Kalorimetrische Grundgleichung 106
Kapazität 52, 70
Kegelschnitte 47
Keplersche Gesetze 67, 82
Kernbindungsenergie 77
Kernstrahlung 60
Kinematik 62 f.
kinetische Energie 70
– – der Elektronen 77
– – eines Ladungsträgers 70
– Gastheorie 74 f.
Kombinationen 31
Kombinatorik 30 f.
komplexe Zahlen 48
Körper 27
Kosinussatz 26
kosmische Geschwindigkeiten 68
Kraft 53
– auf stromdurchflossenen Leiter 70
–, Einheit 50, 53
–, Zusammensetzung von Kräften 61
Kraftstoß
–, Einheit 51
–, Gleichung 66

kraftumformende Einrichtungen 61 f.
Kreisbewegung 65
Kreiszahl 6
Kubikwurzeln 9
Kubikzahlen 9, 12 f.

Ladung, elektrische 51
Länge 49
Längenänderung 74
Längenkontraktion 68
Leistung 51
–, Einheiten 51, 53
–, elektrische 69
–, Gleichung 66
Leistungsfaktor 72
Leitungsvorgänge 71
Lichtgeschwindigkeiten 55
Lichtstärke 49
linearer Ausdehnungskoeffizient 56
Logarithmen 25
–, dekadische 16 f.
–, natürliche 14 f.
Lorentzkraft 70
Lorentztransformation 68
Löslichkeit 109
– von Salzen 100
Löslichkeitsexponent 109
Löslichkeitsprodukt 101, 108
Lösungsenthalpie, molare 106
Lymanserie 77

Magnetische Flußdichte 70
magnetischer Fluß 71
magnetostatisches Feld 70
Mantissen 16 f.
Massenanteil 104
Massendefekt 77
Massenkonzentration 104
Massenwirkungsgesetz 107
Massenzahl 77
mathematische Zeichen 5
Mechanik der Flüssigkeiten und Gase 68
mechanische Energie 66
Mischungsgleichung 104
mittlere Geschwindigkeiten von Gasmolekülen 55
Mittelwerte 24
Molalität 104
molare freie
    Standardbildungsenthalpie 96 f.
– Gitterenthalpie 98, 106
– Hydrationsenthalpie 98
– innere Energie 106

– Lösungsenthalpie 106
– Masse 52, 74, 105
– Reaktionsenthalpie 106
– Standardbildungsenthalpie 96 f.
– Standardentropie 96 f.
– Standardverbrennungsenthalpie 96 f.
– Volumenarbeit 106
molares Volumen 52, 74

Näherungswerte, – Regeln für das Rechnen 7
Naturkonstanten 79
natürliche Logarithmen 14 f.
Nullstellen, Berechnung von 40

Ohmscher Widerstand 72
Ohmsches Gesetz 69
Ordnungszahl 86 f.
organische Stoffe 92 f.
– Verbindungen 97
Ort-Zeit-Gesetz 64
Ostwaldsches
    Verdünnungsgesetz 108

Parallelschaltung 69
Periode 50
Periodendauer 76
Permeabilitätszahlen 59
Permealität 70
Permutabitionen 30
Phasenverschiebung 72
pH-Wert 107 f.
Planeten 82
Planksches Wirkungsquantum 77, 79
Potential eines Redoxpaares 109
Potenzen 25, 30
Primzahlen 8
Prozentrechnung 23

Quadrantenbeziehungen 29
Quadrattafel 10 f.
Quadratwurzeln 9
Quadratzahlen 9
Quanteneigenschaften des Lichtes 77

Radialbeschleunigung 65
Radialkraft 65
Radiant 22
Reaktionsenthalpie, freie 107
–, molare 106

Register

Reaktionsgeschwindigkeit 107
Reaktionskinetik 107
Reflexionsgesetz 76
Reibungskraft 65
Reibungszahlen 54
Reihen 37
Reihenschaltung 69
relative Atommasse 77
– Dielektrizitätskonstante 58
– Häufigkeit 31
– Permeabilität 59
relativistische Masse 68
relativistisches Additionsgesetz
 für Geschwindigkeiten 68
Rentenrechnung 23
Richmannsche Mischungsregel 74
römische Ziffern 6
Rotation 64f.
Rundungsregeln 7
Rydberg-Konstante 77, 79

Satz von Hess 106
Säure-Base-Indikatoren 98
Säurekonstante 99, 108
Säurereaktionsgrad 108
Schallerzeugung 78
Schallgeschwindigkeit 55, 78
Schaltzeichen 80
Scheinarbeit 72
Scheinleistung 72
Scheinwiderstand 72
Schmelzwärme, spezifische 74
schwingende Luftsäule 78
– Saite 78
Schwingungen 76, 78
Schwingungsdauer 50, 76
Selbstinduktionsspannung 71
Siedetemperatur 56f., 88ff.
Sinussatz 26
Skalarprodukt 43
Spannung 69
Spannungsteilerregel 69
Spannungsverhältnis 72
Spektrallinien 60
Spektrum, elektromagnetisches
 59
spezielle Funktionswerte 28
– Relativitätstheorie 68

spezifische elektrische
 Widerstände 58
– Gaskonstanten 58
– Schmelzwärme 74
– Wärmekapazität 56f.
– Verdampfungswärme 74
Stabilitätskonstante 100, 109
Standardpotentiale 102f.
Statik 61
Stefan-Boltzmann-Gesetz 82
stöchiometrisches Rechnen 105
Stoffmenge 105
Stoffmengenanteil 104
Stoffmengenkonzentration 104
Stoßarten 67
Stoßvorgänge 66f.
Strahlenoptik 76
Stromkreisarten 69
Stromstärke 69
Stromstärkeverhältnis 72
Stromteilerregel 69

Temperatur 51
Termformel 77
Termumformungen 24
Termodynamik 72f.
thermodynamische Werte 94ff.
Thomsonsche
 Schwingungsgleichung 76
Titration einwertiger Lösungen
 109
Tonfrequenzen 78
Transformator 72
Translation 64

Umrechnungsfaktoren von
 Einheiten 53
unendliche geometrische Reihe
 37
universelle Gaskonstante 75
unverzweigter Stromkreis 69

Variationen 30
Vektorrechnung 42ff.
Verdampfungswärme, spezifische
 74

verzweigter Stromkreis 69
Vietascher Wurzelsatz 28
Volumenänderung 74
Volumenanteil 104
Volumenarbeit 73
Vorsätze 52

Wahrscheinlichkeit 31ff.
Wärme 53
Wärmeaustausch 74
Wärmekapazität, spezifische 72
Wärmeübertragung 74
Wechselstrom 71f.
Weg-Zeit-Gesetz 63
Wellen 76
Wellenausbreitung 76
Wellenlängen 60
Wellenoptik 77
Widerstand 69
Widerstandsbeiwerte 54
Widerstandsgesetz 69
Wiensches Verschiebungsgesetz
 82
Winkelberechnungen 22
Winkelbeschleunigung 62
Winkelfunktionen 18ff.
Winkelgeschwindigkeit 62
Wirkarbeit 72
Wirkleistung 72
Wirkungsgrad 66
Wurfbewegung 64
Wurzeln 25

Zahlbereiche 6
Zehnerpotenzen 7
Zeichen, mathematische 5
Zeitdilatation 68
Zerfallsgesetz 77
Zinsrechnung 23
Zusammensetzung von
 Geschwindigkeiten 62
– von Kräften 61
Zweiersystem 8
Zustandsänderungen 75

Bildquelle: Photo Deutsches Museum, München: vorderes Vorsatz

Zufallsziffern

Zeile \ Spalte	1	5	10	15	20	25	30	35	40	45	50
1	40653	82715	29835	27852	32191	08941	50090	61628	65483	68626
	20388	02169	45693	90569	04706	17889	05236	26044	69228	97623
	57375	04758	13200	06366	26794	80210	12428	97669	38347	14644
	29285	35386	06306	17756	01889	46567	63690	63322	01017	61988
5	83962	35849	08903	05793	96942	95658	46987	27525	65613	52743
	66069	77855	15735	32548	10974	45251	05650	48448	07123	91208
	88181	96842	04303	54328	24074	47946	86171	07035	01102	13039
	95048	96876	80669	11018	41785	59413	13462	77991	67173	67110
	54896	29949	98441	20674	21872	37943	19470	94930	49602	60368
10	67330	86909	12329	30622	48336	40615	89047	01519	28522	10795
	46523	20927	02553	56011	73696	58072	52382	93454	68062	04286
	02349	65756	96906	12472	63225	76378	70719	86979	79069	87335
	41171	30721	67419	01523	62544	90206	01661	40897	04276	12350
	47476	71046	59731	53044	38860	51080	25567	28590	42538	24039
15	80949	37558	59607	86281	78195	34547	64538	55686	17243	14952
	42544	61262	61917	67009	02129	53738	78084	39678	11714	75672
	78525	59155	17681	27377	53521	87219	21689	38698	36575	38855
	85123	05896	67580	83757	16462	97117	80214	35832	22654	97535
	55625	54556	34184	37696	49685	52220	12043	43907	34623	09100
20	32886	56880	00664	92270	95370	68380	40080	88305	32970	27418
	90245	78149	75928	56698	30673	17850	90999	83915	83790	51120
	95852	27875	23509	08221	78018	33343	78167	44176	43353	20759
	58523	59268	46692	65717	46108	43848	44345	02564	98770	04382
	02091	44328	69638	24757	07074	53044	55039	29285	06272	65713
25	45386	46823	39271	56819	57679	82300	44452	38678	08782	40501
	63403	45072	53838	64968	38927	58665	82977	45721	47508	16489
	91764	22041	14681	13412	90484	32597	61926	62937	70314	09562
	84775	96110	74931	78038	45171	77311	39051	50771	24411	05340
	00684	72931	20561	98505	85582	88178	13299	85881	93058	82880
30	74419	83717	02176	91077	22202	26631	62100	41765	24536	24967
	61317	29832	55744	31002	94051	95486	38471	01157	24471	78669
	41977	67597	56282	17431	57695	67395	68436	90916	09096	93813
	10214	70778	62085	37554	69699	89270	67972	60884	69308	57300
	59174	66491	35653	17796	86621	07090	80557	82156	68647	67575
35	40972	92317	37287	92170	45520	85712	15886	00166	91310	20742
	50859	98860	73847	93671	75457	84486	17553	24646	70496	92346
	80182	46662	49420	21032	31032	95462	29379	28618	60379	87240
	44530	85870	07606	76299	65612	23594	28940	64327	34674	12644
	13869	49069	45952	88431	20573	38782	45150	18252	50247	54242
40	30038	56122	13554	03554	22104	47212	21491	45984	44902	53207
	90616	89917	71773	64981	85522	23626	55851	57164	69873	23091
	41820	68749	22163	40313	09859	23212	06345	07204	57710	53547
	59653	83841	82064	76753	22364	96886	17853	00664	99338	92784
	70559	89219	44858	66573	97933	08784	49282	97784	31554	96917
45	12222	04150	30928	08237	16014	68122	98054	95004	94713	41249
	00862	80639	03290	48441	74768	40968	33732	59771	63843	69580
	28361	92650	64922	29306	59084	73676	64468	49862	91288	13219
	61043	46009	56209	12845	47235	75884	75720	57387	60512	35296
	11048	25187	58211	89139	05366	10889	47076	54450	77124	78444
50	98629	82125	41154	99335	77586	16905	34048	38516	40653	30500

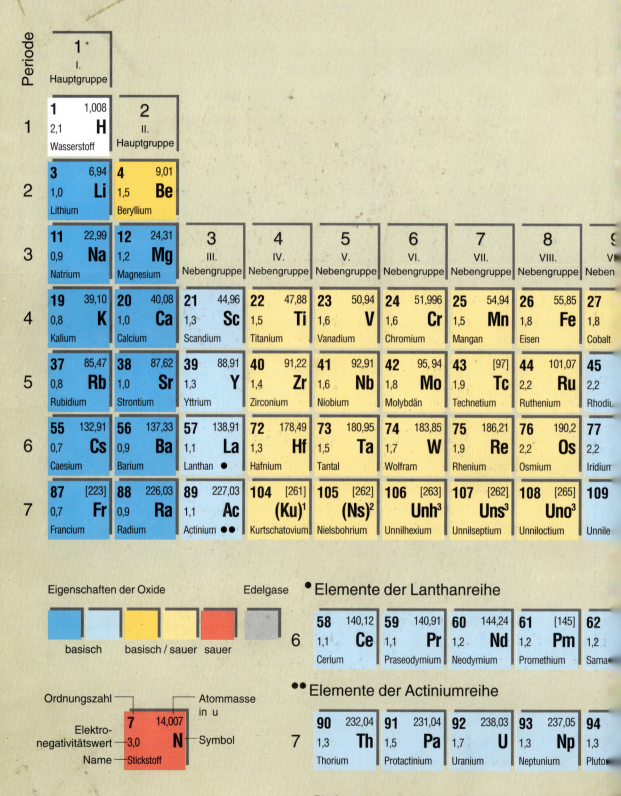